AF558170

Mookt nix

Renate Kiekebusch

Mookt nix!

Vergnöögte Geschichten

EDITION TEMMEN

Die Deutsche Bibliothek verzeichnet diese Publikation in der Deutschen Nationalbibliografie; detaillierte bibliografische Daten sind im Internet über www.dnb.de abrufbar.

»De platte Podcast« von Renate Kiekebusch finden Sie hier:

https://www.podcast.de/podcast/1094581/de-platte-podcast

Umschlagbild: Peter Fischer

28209 Bremen – Hohenlohestraße 21
Tel. 0421-34843-0 – info@edition-temmen.de
www.edition-temmen.de

Printed in Shanghai

ISBN 978-3-8378-7071-8

Wat dor in steiht

Vörweg

Mi dücht, dat wi Düütschen doch mitünner een Volk vun Quarkbüdels, Bangbüxen un Meckerheinis sünd!

Nu hett dat annerletzt wedder den Bericht geven över de glücklichsten Minschen op de Welt. Un wokeen hett wedder wunnen, dat sösste Mol achternanner? Finnland!

Woso utrekent Finnland froog ik mi! Nu bün ik noch nie in mien Leven in Finnland ween, over in annere Länner in Skandinavien.

Wat hebbt de Finnen, wat jem so glücklich mookt?

Is dat de Nohborschop to Russland, sünd dat de Gnidden oder de wenigen Minschen, de dor leevt? De Wald, de Seen, de Sauna?

Düütschland is op Platz 14 un wat hett Finnland, wat wi nich hebbt? Goot, se hebbt smucke Froons in de Politik, hebbt wi over ook.

De Finnen hebbt Totroen un wi hebbt Bang. »German Angst« seggt de Lüüd annerswo över de Düütschen. Bang vör Atomkrieg, Klima, Inflatschoon un de neegst Gripp. Finanzkries, Coronakries, Klimakries ... Wi sliddert vun een Kries in de neegst un markt gor nich, wi goot uns dat in all de Krisen geiht.

Dat warrt uns jo ook jeden Dag överall vörbeet! Dorbi vergeet veele denn sülvst dat Denken.

Slechte Nohrichten sünd intressante Nohrichten.

Man kunn jo genau so goot in de Nohrichten bringen: »Vundoog sünd in Düütschland xy gesunne

Kinner op de Welt komen« oder »De Priesen vun Heizööl sünd wedder rünner gohn«.

Ik will togeven, dat dat veele Problemen geven deit un dat dat een oder annere beter ween kunn. Over kuum jichtenswo gifft dat een Land, wo de Lüüd dat beter geiht as bi uns.

Wokeen dat nich gläövt, mutt mol 'n beten över'n Töllerrand kieken, to'n Bispill een Reis moken. Mutt jo nich wiet ween! Reisen mookt dankbor!

Dankbor för de lütten Soken in uns Leven. Un wenn't mol nich so löppt: Mookt nix!

Danken müch ik an düsse Stell mienen Lektor Jörn Knabbe, de nipp un nau oppasst, dat allens richtig schreven is. Un natürlich mienen Kierl Ralf, ohn di güng gor nix!

Achter'n Moond

Schull ik jichtenswann mol beröhmt warrn, miene Autobiographie harr den Titel: »Achter'n Moond«. Denn jüst dor bün ik opwussen. Nich dat ik keen glückliche Kinnertied harr, ik glööv, in mien Öller hett meist jeedeen een glückliche Kinnertied hatt. Glücklich, over achter'n Moond.

Wi harrn keen Feernseher, dat wöör dat Trauma vun miene Kinnerjohren överhaupt. Nich dat wi kenen Feernseher betohlen kunnen, mien Papa wull dat eenfach nich. Wi schullen keen »Schund« kieken. Leider kunn ik denn op'n Schoolhoff överhaupt nich mitsnacken över Shows, Serien, de Hitparade oder wenn Cassius Clay boxt harr. Domols hett he noch nich Muhammad Ali heten.

Over miene Öllern harrn de »Hörzu« aboneert! Man schull denken: »Wat 'n Tüünkroom, wat wüllt de mit ene Feernsehzeitung ohn' Feernseher?«

In de »Hörzu« stünn over ook wat binnen över dat Radioprogramm. Radio harrn wi! So bün ik mit Dr. Erwin Markus (»Was wollen Sie wissen?«) un plattdüütsche Höörspelen opwussen, mit Hans Rosenthal (»Allein gegen alle«) - un dormit so wat achter'n Moond. Üm op'n Schoolhoff mitsnacken to kunnen, hebb ik de »Hörzu« nipp un nau studeert un utwennig lihrnt, wokeen speel wo mit un wat passeer in den letzten Deel. So is dat mitünner gor nich opfullen, dat ik dat sülvst gor nich sehn harr.

Dat Woort »cool« kenn man noch nich, op mi hett dat leider nie passt. De Deerns, de in de School an'n besten un no de neest Mood antogen wöörn, to'n Bispill mit witte Snöörstevels, Häkellook-Strümpbüxen un Hotpants, harrn ene Fief in Düütsch, over wöörn de besten bi'n Wettlopen un bi'n Völkerball. De wöörn anseggt un jeedeen wull jem as Fründ hebben.

Ik, jümmer de lüttste in de Klass mit de dickste Brill un de gröttsten Fööt, wöör jümmer de letzte, de in de Mannschop bi'n Sport wählt wöör, ik harr dicke Strümpbüxen an, natürlich kene witten Stevel un kenen Feernseher. Un eerst recht keen Hotpants. Vundog harr man seggt: »Du Opfer!« un Biller un Videos dreiht un in'n Internet rinstellt! Wohrschienlich wöör ik mit twölf wegen Mobbing al in de Klapse komen.

To'n Glück geev dat noch nich mol Computers un dat Internet eerst recht nich. Dorüm geev dat ook keen Mobbing, domols hett dat »hänseln« heten, wat dat sülvige wöör, blots ohn Internet. Wenn ik ut de School kööm un jammer: »De Jungs hebbt mi argert!«, meen miene Oma blots: »Dor muss du di nix ut moken! Eenfach nich op ingohn, wenn du di nich argerst, hebbt se keen Vergnögen mehr dorto!«

So bün ik bit nu noch nie in de Klapse ween un dat Hänseln is jichtenswann weniger worrn. De Deerns mit de scheunen Stevel un Strümpbüxen hebbt mit sössteihn jümehr eerstet Kind kregen. Un ut mi is ook ohn Hotpants un Feernseher doch noch wat wurrn. Dücht mi jedenfalls!

Sommertiet

Wenn ik an miene Schooltiet trüch denk, kann ik mi sünnerlich an dütt Geföhl besinnen, wenn dat an'n letzten Schooldag vör de groten Ferien de »Jammerlappens« geev un dorno denn söss Weken Ferien. Wenn denn noch scheun Weer wöör un uns Papa in'n Goorn uns Planschbecken oppust, wöör dat Glück komplett. De ganzen Kinner ut de Nohborschop dröpen sik bi uns, juuchen dör den Goorn ünner den kolen Woterstrohl un smeten sik in't Woter, so eenfach, so billig, so veel Spooß!

Dat is jümmer noch dat Geföhl vun den Sommer för mi, düsse Ruuch vun Woter, natt Gras un Nivea Sünnenmelk mit Lichtschuulfakter 2. Vundog gifft dat dat gor nich mehr! As wi öller wöörn, dröffen wi mit unse Fohrrööd in de »Badeanstalt« in't Nohbordörp, alleen, ohn Öllern. Gifft dat dütt Woort egentlich överhaupt noch? Vundog heet düsse Dinger »Funpark« oder »XY-Therme«.

Egol, ob Planschbecken oder Badeanstalt, dat wöör veele Johren dat Geföhl vun Sommer. In mien Torüchdenken wöör dat in'n Sommer jümmer warm un in'n Winter koolt, nich so as düsse 15 Grod un Smuddelregen, de wi nu dat ganze Johr över hebbt. Over ik weet ... Mit mien Torüchdenken stimmt wat nich.

Düsse söss Weken Freeheit, mit de Kumpels dör't Holt lopen, mit'n Rad los oder dör't Dörp to buttjern, dat wöör wunnerbor. Nich, dat ik nich giern no School güng.

De eerste Dag no de groten Ferien wöör ook jümmer besünners, de Schooltasch vull ne'e Böker, ne'e Heften (wo man sik jedet Mal vörnohmen hett, kenen Knick dorin to kriegen!) un annere Schoolsoken. Wöörn ne'e Schölers in de Klass komen?

Jedet Tour fröög denn de Schoolmeester, wokeen denn in de Ferien weg ween wöör. Wenige Finger güngen hooch to Anfang vun de 70er Johren. Kerstin wöör mit ehre Familie in Wyk op Föhr ween. Wöör een beten langwielig, denn dat wöör bi ehr jedet Johr de sülvige Antwoort. Wyk op Föhr, Wyk op Föhr ... Heino wöör mit siene Öllern un lütte Süster an de Oostsee ween. Meike wöör een Week bi ehre Oma ween in Klütenmoor.

Den Vogel kunn Cord afscheten, he wöör mit siene Öllern een Week mit'n Fleger in Spanien ween, as eenzige ut de ganze Klass mit'n Fleger, dorbi harrn siene Öllern ook man blots een Schohgeschäft un stünnen sik wiss nich veel beter as miene Öllern mit ehren Edeka. Wi kregen den Mund nich mehr to ... Mit'n Fleger no Spanien! Wenn ik dat Woort »Dekadenz« domols al kennt harr ... Sowat wöör dat. Ik sülvst wöör natürlich nie jichtenswo ween. Over bi de ganzen Weken buten, harr ik ook nix vermisst.

In de Twüschentiet bün ik ook een beten rümkomen, mit un ohn Fleger. Un komisch is dat, jüst in Kalifornien is mi mol opfullen, wo scheun dat in uns gröne Noorddüütschland is. Wi föhren een poor Dogen dör den Westen, kömen ook in L.A. vörbi. Nix as bruun Landschop, allens verbrennt vun den Sünn un de Warms. Bargen geev dat, Palmen un Strand, over de heel Rest wöör bruun. Kalifornien harr ik mi anners vörstellt.

Dor mutt ik männichmol an denken, wenn ik an so 'n scheune saftige Wisch vörbi koom! Wi schöön mutt dat ween, hier Koh, Peerd oder Schoop to ween un de Tähn deep in dat gröön Gras to hauen un kräftig aftobieten. Wunnerboret grönet Noorddüütschland!

Ünnerwegens mit Hinni un Heini

Wenn ik vundog hö̈ör, woveel Malöör dat jümmer mit de Iesenbohn gifft, kann ik blots den Kopp schüddeln. So bald as twee Sneeflocken sik no Noorddüütschland verlopen hebbt, sünd de Böverleitungen tofroren un nix geiht mehr. Wenn Wind is, kann se nich verkehren, wiel denn Twiegen op de Leitungen oder Gleisen sünd, un de Verkehr warrt all wedder instellt. Oder dat gifft Arger mit de Computers, denn steiht de Bohn eerstmol twintig Minuten, bit dat wieter geiht. Denn gifft dat jo ook de ganzen Warn-Apps, de uns enen Sneestorm al een Week vörut seggt (de denn over nich kummt), de Bohn seggt de Fohrten denn in Vörutsicht al af. Worüm vertell ik dat? Ik föhr fast nie mit de Bohn.

As ik vör meist föfftig Johren jeden Dag mit de Iesenbohn no School föhr, hebbt wi so 'ne Maleschen nich kennt. Digital geev dat nich. De Fohrkorten kunn man in'n vörut bi Hertha in den Bohnhoffskroog köpen, een Moondskoort vun Basdohl no Bremervöör köst 32 Mark, dat wöör 1972 veel Geld. Dat Ding wöör ut Papp. Wokeen sik keen Pappkoort bi Hertha köfft harr, kunn de in de Bohn ook bi Hinni kriegen.

Hinni wöör de Schaffner, de knips de Fohrkorten, Heini wöör de Fohrer. De Tog föhr mit Diesel un föhr bi Wind un Weer. Snee, Regen oder Störm möken dat Ding nix ut. Wenn Störm wöör, harrn Hinni un Heini een Soog an Boord un kunnen sik sülvst helpen, de Boom wöör twei soogt, vun de Schienen rünnerwruckt un denn güng dat wieter. Een, twee Kierls wöörn meist an Boord oder gröttere Jungs, de helpen kunnen. Dat wi nich no School oder nich wedder nu Huus köömen – dat geev dat eenfach nich!

Foken kööm dat ook mol vör, dat een Koh op de Gleisen stünn, de utneiht wöör. Ook keen Problem, de Iesenbohn harr een schrille Huup un kunn so luut fleiten, dat keen Koh dat lang mitmookt hett. Een oder twee Mol müssen Hinni un Heini mit 'n Bessen nohelpen un mit »Schuh, Schuh!« dat Deert to Räson bringen.

Pünktlich wöör de Bohn jümmer, op afsünnerliche Wies ... Denn foken hebb ik Hinni to Heini seggen hören: »Lot uns man noch 'n Momang töven, villicht kummt noch een!« Oder: »Lot uns man noch fief Minuten töven, Herbert is noch nich dor!« Liekers sünd wi nich eenmol to loot to'n Ünnerricht komen. In de Bohn kunn man ook noch gau Huusopgoven moken oder wat vun de Kumpels afschrieven oder Korten speeln.

Loter is de Bohn instellt wurrn un wi müssen mit 'n Bus föhren. Heini hett as Busfohrer ümschoolt un Hinni güng in Penschoon, de Bus bruuk de dubbelte Tiet un vörbi wöör de scheune Tiet. För de Huusopgoven wackel de Bus to dull un mit dat Korten speeln wöör dat ook vörbi, wiel wi uns nich mehr gegenöver sitten kunnen.

Af un an kann man in'n Sommer de oole Bohn noch mol fleiten hören un föhren sehen, denn föhrt se vun Bremen no Stood as »Moorexpress«. Wat ut Hinni un Heini wurrn is, müch ik giern weten, de sünd wiss nu bi lütten an de negentig.

Mau!

As Kind wull ik jümmer een Katt hebben. »Nee! Gifft dat nich!«, seen miene Öllern. Dat wöör nich veel, wo dat »nee« heeten dä, over een poor Soken doch: Wildledderschoh (»De Weeg buten sünd to matschig!«), Witte Stevels mit Snören överkrüüz (»Denn müsst du jo noch een halve Stünn fröher opstohn, üm di de Stevel totosnören, bevör dat du no School geihst!«), Hot Pants (»Süht nich ut bi diene korten Been!« un överhaupt) un een Katt (»De warrt op de Stroot överjoogt, gauer as du kieken kannst!«).

Wenn dat »nee« heet, denn heet dat »nee«, dat wüss ik. Een Katt harrn to'n Glück de Nohbors, ik nööm ehr *Susi* un ik müss blots ut unse Achterdöör rutfleiten, denn kööm *Susi* anjoogt as een öölten Blitz, denn se wüss, nu geev dat een Schiev Kees. *Susi* müch Kees, ik hebb den Kees in lütte Stücken reten, *Susi* sett sik op de achtersten Been un kreeg jümmer een lüttet Stück vun den Kees. Uns Nohborsch Erna wöör dat gor nich ganz recht: »Wi hebbt noch nie so 'n leckere Katt hatt, de fritt blots noch Kees!«

As ik denn heirodt hebb un enen egen Huusstand harr, wohnen wi wedder dicht blang de Stroot un denn harr mien Kierl ook noch 'n Barg Vogels. Vogels, Stroot un Katt passt nich tohoop. Nu, wo uns Jung un de Swiegerfründin bi uns mit intogen sünd, hebbt wi mit 'n Mol doch een Katt, also is mien Droom mit bummelige sösstig Johren doch noch mol wohr worrn. *Sam* heet de Koter, mit fullen Nomen *Samweis Gamdschie* (kummt ut »Herr der Ringe«, dor kenn ik mi nich ut) un he is een dicke Deko-Katt, een dicke Katt, de rümliggt un goot to de Wohnung passt.

Anfoten lett he sik nich giern, over he passt bannig goot to de Möbels mit sien bruun un witt Fell. De Vogels lett he in Roh, de Müüs ook, dat mookt em to veel Möh! Vör Autos löppt he weg, man goot!

’S morgens kummt *Sam* rünner un snurrt üm miene Been. Ach wat sööt, he mag mi! He is jo ook to sööt! Nee, he will an de Leckerlis, de in dat Schapp in de Deel sünd. He sett sik all mol vör dat Schapp: »Mau!«, wenn ik denn noch nich koom, noch mol »Mau!«. Dat hööрt sik bannig elennig an. »Mau! Nu geev mi doch ennig wat!«

He kriggt denn siene Ratschoon un weg is he. Ik bün em puttegol, ik bün blots dejenige, de dat Schapp opmoken un in de Tüüt rinlangen kann.

Wat hett de Evolutschoon ut Roofdeerten mookt, wat de Katten doch egentlich sünd? Worüm hett man överhaupt blots Katten? Op’n Buernhoff fangt se Müüs, over in enen normolen Huushollt? Man mutt sik nich so veel üm kümmern un hett ovends wat to kuscheln oder is nich alleen? Kummt op de Katt op an.

Op jeden Fall müch ik an veele Dogen mol mit unse Katt tuuschen! Den ganzen Dag rüm liggen, leckere Soken to eten kriegen, den ganzen Dag seggt ener to di: »Oh, wat büst du doch nüüdlich!«, un eenfach moken wat du wullt. Een Droom!

Tinslose Krediten oder »Anschrieven«

Vundog betohlt veele nich mehr mit Geld, man mit Scheckkoort, Handy, Kreditkoort, Paypal oder Överwiesen. »Nur Bares ist Wahres!«, see man fröher un veele meent dat jümmer noch.

Ook in'n Koopmannsloden vun miene Öllern in de 60er un 70er Johren güng veel ohn Geld.

Dat wöör de Tiet vun de tinslosen Krediten, ook as »Anschrieven« bekannt. Bi'n »Anschrieven« geev dat over Ünnerscheden!

Meta vun blangenan kööm to'n Inköpen un harr twee Mark to wenig. »Ik betohl dat Morgen!« – »Is in de Reeg!« Denn warrt eenfach de Kassenbon op de Kass kleevt un dorto de Noom »Meta«. Op de Kass kleven all veele Zeddels mit Nomen. Toletzt harrn miene Öllern een Register vun A bit Z, dor hebbt se de Zeddels rinkleevt.

De groten Buern harrn een »Kontobook«, dat wöör de beten betere Afoort vun'n Anschrieven. Se köpen in un de Bedrag wöör denn in een lüttet Schoolheft, dat »Kontobook«, indrogen. Eenmol in'n Moond, oder ook je nodem wi se Geld harrn, wöörn de Reken denn betohlt. Dat möken blots de Buern, keen annere. Wi miene Öllern dor dörfunnen hebbt, is mi vundog noch nich kloor.

Denn geev dat noch »Anschrieven no Anroop«. Wenn to'n Bispill in'n Dörp ener doot bleven wöör, röpen de Lüüd vun'n »Ne'en Land« (een Oortsdeel, wat een beten wieter rut wöör) bi miene Mudder an: »Gisela, büst du woll so goot un mookst een Truerkoort för XY trecht, de betohl ik denn tokomen Mol, wenn ik koom!«

Keen Problem, miene Mama söch een Kort ut, füll se ut in'n Nomen vun den Opdraggever, kleev een Breefmark rop un hett se ook noch to'n Postkasten bröcht. »Servicewüste Düütschland« geev dat dor noch nich!

Un opletzt geev dat noch een poor Kunnen so as Walter, blond, stämmig, Ogen as Terence Hill. Een Tiet lang kööm Walter jeden Dag, as wöör he de beste Kunn un betohl ook jedet Mol. Denn rööp he ovends an: »Oh, Minsch, Gisela ... Ik hebb Besöök kregen, kunn ik woll noch twee Kisten Beer holen un dree Buddel Sluck, och jo ... Un Waschpulver bruuk ik ook noch!« Natürlich harr he jüst denn keen Kohle, he keek uns an mit siene groten blauen Terence-Hill-Ogen un verseker: »Morgen betohl ik dat glieks!« Wi wüssen, dat Walter jedet Tour no siene Grootinkööp eerstmol afdükerte.

No een Tiet sünd wi Walter denn op't Fell rückt un hebbt uns dat Geld hoolt, dat he »vergeten« harr to betohlen. Wenn denn jümmer noch nix to holen wöör, geev dat een Lösung op'n korten Deenstweg: De Spoorkassenlüüd passen op, un wenn wedder een beten Geld op Walter sien Konto wöör, hebbt dat denn miene Öllern kregen. »Lohnpfändung« heet dat hüüt. För recht ansehn kunn man dat wiss domols ook nich, over op'n Dörp lööp un löppt veelet eben mol »ünner de Hand«.

Ik kann nich, ik will nich

Lüüd ut Verenen köönt een Leed dorvun singen, dat dat jümmer sworer warrt, annere to finnen, de ohn Betohlen jichtenswat mookt. Wokeen speelt mit bi'n plattdüütschen Theoter, wokeen backt enen Koken för den Seniorennohmiddag, wokeen müch Kinner in'n Kinnergoorn wat vörlesen?

Dat fangt al in'n Kinnergoorn an, wokeen warrt de Vörsitter vun de Öllern? In de School geiht dat wieter, wokeen is de »Öllernspreker«? Veel Arbeit hangt mit dütt Amt nich tohoop, eenmol in'n Johr een Inloden schrieven oder so.

Dat is lang her, dat miene Kinner ut de School rut sünd, over ik kann mi noch genau an düsse Ovenden besinnen. Sowiet löppt jümmer allens goot, bit de Schoolmeestersch fröög: »Wokeen müch den tokomen Johr de Öllernvörsitter warrn?« Allens kickt no ünnen. De een hett enen Hund un kann nich, de tweete seggt, de Mann geiht op Schicht, un de drütte hett 'n Appelboom in'n Goorn ...

Meist hebbt Paul un ik uns dütt Amt opdeelt, dormit wi an den Öllernovend denn endlich no Huus kunnen, een Johr wöör Paul de Boos un ik de Stellvertreder, dat annere Johr annersrüm. Hett allerbest klappt, eenmol in Johr een Grillparty för de Kinner to organiseern, wöör nich de meiste Arbeit, dat wöör allens.

Dat is jümmer noch so, man glöövt nich, wat för Utreden sik enige Lüüd infallen loot, worüm jichtenswat nich geiht.

As ik ene Kollegin för Johren mol fröög, wat se nich een halve Stünn länger blieven kunn, kreeg ik to Antwoort, dat dat leider nich güng, wiel ehr Kierl jüst an den Dag Nudeln to'n Ovendbroot kookt harr un de wöörn denn matschig, wenn se een halve Stünn loter to'n Eten kööm. (Wohre Geschicht!)

Un een annere Bekannte hett mol beleevt, dat ehre Chefin jümmer fröher no Huus güng, wiel se sik in'n Hellen noch de Been epileeren müss. In'n Düüstern güng dat nich. Un ene Fründin, de ik johrenlang nich sehen harr, kunn mi nich besöken, wiel se ehr Mudder helpen müss, in Harvst dat Loof optoharken. Un noch een annere kunn sik nie Middeweken mit mi dropen, wiel se dor Sport möök, een halve Stünn op ehr Fitnessrad in ehr egen Sloopstuuv.

Over de allerbeste Utreed kööm vun enen Fründ – nu enen fröheren Fründ, den ik to mienen Geboortsdag inloodt harr. He hett afseggt un een Foto vun enen positiven Coronatest mitschickt, schienbor harr siene Froo Corona. Dat wöör richtig genial! Dat Foto hebb ik mi glieks opnohmen bi miene Biller. Schull ik nu mol een Inloden kriegen, wo ik nich hen will, schick ik ook dat Foto un fardig! De Idee is so goot, worüm bün ik dor nich op komen?

Wi grillt denn mol

Ik weet jo nich, wat jau dat ook so geiht, over mitünner begriep ik de Welt eenfach nich, dat is woll so, wenn man oolt is.

Fröher wöör dat so, dat dat Festen geev un Fiern. Ik snack nu nich över vör Corona, man vun de Tiet vör 20 oder 30 Johren. Wenn dor een Baby op de Welt kööm, dor wöör Geboortsdag, bi Konfermatschoon oder Hochtiet hett man een Geschenk geven un denn kööm een Inloden, man hett sik ’n Tour dropen un goot.

Wi hebbt vergohn Johr de Hochtiet vun enen Fründ hatt. He hett uns ook inlodt un in letzten Momang de Fier afseggt, to’n Glück nich de ganze Hochtiet. Blots Standsamt un fardig. Achteran hett dat heten: »Tokomen Johr grillt wi denn mol!«

Verwandte vun uns harrn sik een bruuktet Drievhuus för den Goorn köfft un unsen Hänger utlehnt, un wi hebbt in een Nacht-un-Nevel-Akschoon dat Huus över hubbelige Feldweeg transporteert, jümmer bang, dat dat ümkipp oder de Udels kömen. Hett allens goot gohn: »Oh Mann, velen Dank, wenn wi jau nich hatt harrn, wi grillt denn noch mol!«

Bi unsen Jung sünd al veer Kumpels ümtogen, he hett Waschmaschienen in den veerten Stock hooch drogen, x-mol enen Schapp tohoopklütert un sik afmaracht. Se wullen em to’n Dank noch mol een Tour to’n Grillen inloden ...

Un uns Jung hett nu ook jüst de Wohnung renoveert un all de Hölpers schüllt noch mol to'n Grillen komen. Ik müch wetten, dat düsse Dag nie kummt, jüst so as all dat annere Grillen nie nich ween is.

Ik hebb miene Familie een Verbott geven för Gootschiens, de vun Hand utschreven sünd. Wat hebb ik nich allens schenkt kregen! Theoterbesöök in Hamborg, Wellness, Fröhstück ... Düsse Gootschiens, de man jichtenswann mol inlösen will, koomt in de Grabbel un warrt nie inlööst. Ik hebb sülvst ook al mol enen Gootschien för dreemol Fenster putzen verschenkt un dorop spekuleert, dat dat vergeten warrt. Un richtig, de Reken is opgohn!

Mien Verdacht is, dat Corona ook een Utreed för kniepige Lüüd (un Fuuljacken sowieso) is, nix to moken. Oder villicht is dütt »Grillen« ook so 'n Oort vun alternative Pseudo-Geldsoort (deit mi leed, dorför kenn ik kenen plattdüütschen Utdruck!)? Grillen so as Libra un Bitcoins? Wenn ik di to'n Grillen inloden mutt un du mi ook, denn sünd wi doch quitt un keeneen mutt wat moken? So eenfach is dat! So mutt dat ween!

Nu överlegg ik noch, wat mook ik mit mienen Geboortsdag dütt Johr, wokeen schall komen un wokeen müch ik inloden. Ik glööv, wi töövt beter noch af, wi köönt jo tokomen Johr denn Mol een Tour grillen!

Hebb di gor nich kennt!

Ik weet nich, wat jau dat villicht ook so geiht, over ik bün dat gewöhnt, dat mi een op de Stroot in de Mööt kummt, de fründlich »Goden Dag, Froo Kiekebusch!« seggt, un ik hebb kenen Plon, wokeen dat wöör! Dat freit mi jo eerstmol un wenn ik Glück hebb, löppt dejenige wieter. Wenn nich, anter ik eerstmol fründlich trüch. Eerstmol loot ik mi dat nich anmarken, oder versöök dat tominnst. (Lüüd, de mi goot kennt seggt, ik kann nich legen, dat süht man fuurts. Stimmt!)

De Person, de mi nu gegenöver steiht, fangt nu an to vertellen. Ik sabbel ook eerstmol op los, villicht fallt de Groschen jo glieks. Mit eenfache Frogen kann man langsom to'n Karn komen, wokeen dat ween kunn. Is dat een vun de Landfroons, vun de Arbeit, een fröhere Kunn, een ut de Plattdüütschszene?

Toeerst kann man no de Familie frogen, Familie hebbt de mehrsten Lüüd. Klappt dat nich, kann man versöken rut to kriegen, woher man sik kennt. Mit Glück warrt mi dat villicht kloor, dat de Froo bi'n Dokter arbeidt, nu over jüst kenen witten Kittel anhett. Oder vertellt vun gemeensomen Beleefnissen, so dat mi dat mit de Tiet dämmert, dat wi mol tohoop för teihn Johren op een Busreis no Berlin wöörn.

Letzt hett mi mol ener seggt: »Ik kenn di, wi hebbt uns mol vör twee Johren op de Spoorkass dropen. Du wullst Geld ut'n Automoten holen un de wöör kaputt!« Deit mi Leed, sowat kann ik mi nich marken!

Ik bewunner ook de Lüüd, de al Autos kennt un seggt: »Ach kiek, PL 17 ... Dat wöör Peter, wo de woll hen wull?« Oder: »Wo will Meta denn nu al wedder hen? De hebb ik vundog al dreemol sehen!« Un ik stoh blangenan un weet nich mol, wat Peter oder Meta överhaupt för Autos hebbt. Oder dat de överhaupt een Auto hebbt.

Nu, wo wi to Coronatieden all Masken dregen mööt, wo blots de Ogen rutkiekt ... Dat kummt mi ook goot to Pass! De beste Utreed vun de Welt! »Ooh Mann, mit de Mask hebb ik di gor nich kennt!« Un veele Gröten ook bi de Gelegenheit an de beiden fründlichen Froonslüüd, de mi letzte Week bi'n Ohrendokter froogt hebbt, wann denn miene neegste Kolumm in de Zeitung stünn. Ik hebb de beiden leider nich kennt, over hier is de Geschicht!

Dat Wunnerkind

Nu as Oma fallt mi doch mitünner op, wat för 'n plietschen Enkel wi hebbt. Nich blots, dat he echt fix is, fründlich, sööt un snackt as 'n Oolen, he is för sien Öller al bannig wiet, kann Puzzles moken, de för Fiefjöhrige sünd, passt in Soken för Veerjöhrige rin un kann al bit twintig tellen ... Un dat mit jüst dree Johren. Letzt in'n Kinnergoorn hett he mit sienen Kumpel dat Waschbecken mit sienen Huusschooh tostoppt un dat Woter lööp in den helen Waschruum rin. Dat Personol wöör begeistert, as man sik denken kann, dat geev Mecker. Over Max wull swümmen speeln. Op so 'n Idee mutt 'n eerstmol komen.

Wat? Dat köönt jaue Enkels ook? Echt? Ik glööv, jede Oma un jeder Opa op de Welt is de Menen, dat jümehr Kinner de plietschesten op de ganze Eerd sünd. Oder jedenfalls in'n Landkreis, oder doch tominnst in'n Dörp ...

Jüst so güng uns dat ook as Kinner, jedet Johr op'n Geboortsdag vun uns Tanten kömen wi tohoop mi uns Verwandten ut Cuxhoben, een Johr öller as ik, de Süster dree oder veer. Scheun harrn wi tohoop spelen kunnt op düsse langwieligen Fiern vun de Groten. Kaffeedrinken, Snacken, Ovendbroot, twüschendör müssen mien Broder un ik denn Blockfleit oder Trumpeet spelen. Wi harrn to doon, dat wi nich för Langwiel an de Sied kippen. Wi müchen de Tanten, over de Geboortsdogen hebbt wi hasst. Jüst so as de Verwandten ut Cuxhoben. Worüm, wüss ik nich, wi harrn eenfach kenen Droht toenanner, de ganzen Johren nich.

Föfftig (!) Johren loter hebb ik to miene beiden Cousinen enen gooten Kontakt, wi schrievt uns un telefoneert un besöökt uns sogor af un an. Miene Cousinen hebbt mi vertellt, dat jümehr Öllern ehr jedet Johr no de Tantengeboortsdogen vörhollen hebbt, wi plietsch, fründlich un klook doch mien Broder un ik wöörn, jüst genau dat Gegendeel to jümehr egen Brut. Wi kunnen sogor Musik moken, schicken uns un möken dat, wat wi schullen (jedenfalls an düssen Dag)!

Unse Tanten harrn enen gehemen Wettstriet, wokeen vun de Nichten un Neffen nu de plietschesten, fründlichsten un fixesten wöörn. Wi hebbt dat gor nich mitkregen! Man goot, dat wi dat tominnst nu noch rutkregen hebbt, worüm wi fröher nich mitenanner kunnen. Wöör doch echt schood ween.

Un mit mienen Enkel pass ik villicht doch 'n beten op, wiss gifft dat noch mehr so plietsche Kinner. Nich veele wiss, over villicht doch de een oder annere ...

Max un de Dinosaurier

Uns lütte Enkel Max is nu dree Johr oolt, jümmer noch dat söötste Kind op de Welt, hett een blöhend Fantasie un snackt jüst so klook as siene Mudder un siene Oma. He is nu jüst in dat Öller, wo Baggers noch jümmer intressant sünd, over Dinosauriers noch een beten intressanter. Ik wull, dat he Middags een beten slopen schull, vertell em een liese Geschicht vun een lütten Boor, de slöppt un strokel em dorbi över sienen Buuk, jüst so as de Borenmama in miene Geschicht.

Max wull over nich slopen un seet mit eenmol steil in'n Bett.

»Omi, nu vertell ik di een Geschicht! Is over een Gruselgeschicht!« Nu wöör ik jo spannt as so 'n Flitzbogen.

»Dor wöör mol so 'n Sneemann ...«, vertell Max, »un denn ... Bamm! Bamm! Allens op'n Teppich un op't Schapp!«

Dat wöör de ganze Geschicht, de ogenschienlich vun enen explodeerten Sneemann hanneln dä. »Bamm!« oder »Bumm!« koomt foken in siene Geschichten vör. Max lach sik rein kaputt över siene »Gruselgeschicht«.

»So Omi, ik bün wook! Wi wüllt speeln!«

Güstern hett he mi würklich een echte Gruselgeschicht vertellt, vun enen Dinosaurier, de an siene Döör kloppt harr un ropen harr: »Mami, Maxi, mookt de Döör op, ik hebb Hunger!« Gruselig, een Saurier in een Wohnrebeet in Hogenoh, de an de Dören kloppt un Hunger hett!

»Un wöör dat een groten Saurier?«, fröög ik. Max nickköppt: »Danz drossen Saurier, so drooss!«, un langt mit siene lütten Arms so hooch, as dat man güng. Ik fröög, wat dat denn een bösen Saurier ween wöör, oder enen netten?

»De wöör ganz böös! De hett sooooo keken!«, verkloor Max un keek ganz böös. Mi joog dat een Schuer den Rüch rünner un ik fröög: »Un woans is de Geschicht denn utgohn?«

»Ik bün henlopen no den Saurier un hebb seggt, scheer di weg, du kummst nich in uns Huus! Goh weg, Dinosaurier, hebb ik ropen! Ganz luut!«

»Un denn?«

»Denn is de Dinosaurier weglopen in unsen Goorn rin un hett een beten Gras freten!«

»Na, man goot! Un denn? Is he wedder trüchkomen?«

»Nee, denn is he weg ... Un af in de Büsch!«

Man goot, dat de Saurier wedder weg is. Uns Lütte hett blangen sien Fantasie noch nix slechtet beleevt, he glöövt (noch), dat alle Minschen un Saurier goot to em sünd. De Dag warrt komen, wenn he lihrnen mutt, dat de Welt nich so is. Dat dat ook Lüüd gifft, de dat nich goot mit em meent. Over he hett veele Minschen, de denn an sien Siet sünd un em helpt bi'n groot warrn. Allen vöran siene Oma!

Familienurlaub

Wi wüssen dat vörher: Düsse Urlaub wöör keen Verholen, wi harrn mit de Familie een Huus in Däänmark. Uns Dochter harr uns al wohrschoot, dat wi achteran nie mehr mit jem in Ferien wullen.

Wi hebbt dree Enkelkinner, dree Johr oolt un de beiden Lütten, een beten över een Johr. Tohoop köönt de dree mehr Dezibel rutkriegen as op'n Flooghoven, sünnerlich wenn se Hunger hebbt. Un dat hebbt de meist!

Wi wüssen dat ...

De VW-Bus wöör bit ünner dat Dack vull proppt mit Winneln, Kinnerstöhl, Babybedden, Klappkisten mit Eten un Drinken, in uns Touran wöörn de Strandsoken, dat Speeltüüch, de Handdöker, Betttüüch un de Tetrapak mit Wien vun'n Edeka. Dor pass keen Blatt Klopapeer mehr twüschen! Also: allens een normolen Däänmark-Urlaub mit Familie. Dree Lütte un veer Groote.

De Henweg klapp sowiet goot, komisch wöör blots dat liese Rötern in den Bus.

Wi packen allens ut un nodem de Kinner in'n Bett wöörn, möken wi dat eerste Tetrapak op un freien uns op Sünn, Strand, Softies mit bunte Krömels un de Enkelkinner.

An'n annern Morgen halvig söss güng de Döör vun uns Sloopkomer mit Swung op un de dreejöhrig Max trumpeet: »Moin Omi, slöppst du noch?« ... Nu nich mehr! »Speelst du mit mi Playmobil?« – »In'n Momang nich, ik mutt mi eerstmol wat antehn!«

Op'n Weg no'n Ies eten an'n annern Dag möök denn de Bus nich blots mehr een lies Rötern, man dat wöör jümmer luder! Dor mööt wi mit los, dat is nich normol. Wi boot unsen Touran üm, so dat söss Personen un de Kinnerwogen rinpassen, ik seet mit miene korten Been in'n Kufferruum. Den ganzen Dag regent dat as ut Ammers, de Kinner wüssen sik reinweg nich totogeven, wi also hen no Esbjerg no'n Aquarium.

Dor wöörn een Barg Lüüd mit lütte Kinners so as wi, jümehr Brut harr sik ook nich to Huus togeven, an jede Eck blarr dat un dat regent jümmer noch, wat dor rünner wull. No teihn Minuten wöör dat Aquarium dörch, buten wöörn noch Schipp un een natten Speelplatz. Toll!

An'n Mondagmorgen hett uns Dochter denn rundüm de Autowarksteden anropen: Een harr Urlaub, de tweete güng nich an't Telefon, de drütte harr keen Tiet. Toletzt noch een, de goot Engelsch kunn, jo ... He wull sik dat ankieken, wi schullen rümkomen.

Op'n Weg rötel de Bus so luut, dat wi uns kuum noch ünnerhollen kunnen. De Warksteed wöör een vun'n oolen Slag, överall Ööllappens, Warktüüch, tohoop knüllt Zigarettenpackens, een teemlich Kuddelmuddel mit Beerdosen dortwüschen, so as bi Onkel Kurt in mien Kinnertiet. In korte Tiet harr de nette Autoheini dat Auto ünnen utenanner nohmen un wöör mit een Taschenlamp ünner den Bus klattert.

»Oh shit!«, höör ik em seggen, man bruukt nich veel Engelsch, üm dat to verstohn. He verkloor uns, dat dat Dreihwark bi dat Auto so twei wöör, dat se dat nich in Däänmark repareren kunnen. Wi kunnen dat bi em loten un dat schull denn no Düütschland bröcht warrn.

No enige Tiet hen un her un veel Telefonkrooms hol uns Dochter uns denn af, trüch no dat Huus. Opa (mien Mann) wöör bi de Kinner in'n Huus bleven un harr den Opdrag kregen, op den Pizzadeeg wat rop to moken un to backen. De een Pizza wöör ut Versehn ut Bläderdeeg, op beid wöör keen Tomotensooß, over lecker wöörn de liekers. De Rest vun'n Dag güng dormit hen, enen Mietwogen to finnen.

De Enkel harrn för so langwieligen Kroom natürlich nix över un drönen dör't Huus un argert sik gegensiedig. »Wann fahren wir denn endlich los?«, un wi schicken jüm no buten to'n Spelen. De Lütten jogen sik gegensiedig jümehr Rieswaffeln (ohn Zucker!) af, jedet Mol mit groten Geblarr. Sünnerlich de lütte Johanna hett ehren Ökelnoom: »Sirenchen«. Max wöör in de Twüschentiet eenmol ut'n Boom achtern Huus fullen un blarr ook ganz hart. Over an'n Enn harrn wi een tweet Auto!

Den neegsten Dag schull dat no »Legoland« gohn un wi möken uns rechttiedig op'n Weg mit mien Auto un den Leihwogen. Wi wöörn jüst teihn Minuten ünnerwegens, as dat Auto anfüng to hoppeln un to wackeln, wat wöör dat nu? Wi töven enen Ogenblick af un nochmol vun vörn, over dat harr kenen Sinn, wi müssen ook in de Warksteed, den Weg kennen wi jo al.

Leider wöör de nette Autoheini nich dor un güng ook nich an't Telefon. Nützt jo nix, wi langsom un vörsichtig wedder hen no uns Huus. An'n leevsten harr ik een Tetrapak opmookt! Over noch nich morgens Klock teihn! Een Week un twee Autos kaputt!

No teihn Minuten bimmel mien Handy, an'n Apparot de nette Autoheini, he wull in een Stünn vörbi komen un sik dat Auto bekeken. De Diagnoos bi mien Auto stünn no een Minuut fast: de Bremsen wöörn fast un löpen hitt. In de Twüschentiet harr miene Dochter den tweten Leihwogen bestellt, nu harrn wi den Bogen rut. Wi nu doch no »Legoland«.

Op'n Trüchweg kunnen wi dat Auto wedder afholen, bit ovends Klock negen wöör de nette Automechaniker dor. Düssen Leihwogen hebbt wi trüchgeven un an'n letzten Dag vun den Urlaub ook dat eerste Leihauto.

Over wi schullen wi överhaupt no Huus henkomen mit Sack un Pack? Jo, Esbjerg hett sogor enen Flooghoven ... Villicht güng dor wat? Vun Esbjerg kann man blots no Schottland flegen, vun dor no Noordirland, vun da no London un vun London no Hamborg, duert bummelige 45 Stünnen un köst över 2000 Euro (wat jo de Versekernbreef för dat Utland betohlt harr). Hmmmh ... Villicht kunn de Süster vun unsen Swiegersöhn inspringen? Se kunn!

Den letzten Dag hebbt wi de ganzen Leihautos wedder trüch bröcht un kunnen noch enen wunnerboren Stranddag mit de Enkelkinner beleven, all wöörn glücklich un tofreden un Max meen to mi: »Omi, das Allerschönste ist doch, dass wir zusammen Urlaub machen können!« Kloor, dor harr he Recht un dat harr ik noch in'n Ohr, as ik op'n Trüchweg twüschen de beiden blarrend Lütten een Stünn in'n Stau vör den Elvtunnel seet, de Knee meist ünner mien Kinn, de Fööt op de Köhltasch.

Tokomen Johr wedder Däänmark mit de ganze Bagoosch un villicht glieks mit 'n utlehnt Bus? Oder doch lever op Krüüzfohrt? Scheun Eten, keen Blarrbüdels? Over de Wien kummt op'n Schipp ook ut'n Tetrapak! Dat hebb ik in'n Feernsehn sülvst mol sehen, de Praktikant müss den ganzen Dag den Wien ut de Kartons rutschüdden. Ik mutt noch Mol överleggen!

De Reis no Helgoland

Jichtenswo hebb ik in een Zeitung enen Artikel leest över »Mikroabenteuer«. Tsü, wat schall man sik ünner dütt Woort vörstellen? »Mikroabenteuer« – wi heet dat op Platt?

Mol rut ut den Alldag, wat Ne'ets moken, rut in't Gröne, ohn dat man wiet föhrt un ohn dat dat veel Geld kösten deit. Sowat in de Oort schull dat ween. Mmmmh ... Wooldboden to'n Bispill, ook so 'n ne'en Trend. Ik bün all för föfftig Johren jede Week as Indianer dör't Holt lopen, blots wüssen de Lüüd domols noch nich, dat dat goot för de Seel is. Wi hebbt dat blots ut Spooß mookt.

Man kunn mol torüchoors gohn, stünn ook in dat Blatt, dat is goot för de Synapsen in unsen Bregenkassen. Dat loot ik lever, wenn ik morgens no'n Bäcker an de B 73 torüchoors loop, üm miene Rundstücken to köpen, denkt de Lüüd doch, ik hebb enen an de Klatsch. Villicht denkt veele dat sowieso, over ik kandideer jüst för unsen Gemeenroot ... Beter nich!

Mien Kierl un ik sünd mit de Bohn no Cuxhoben ween, dat wullen wi al jümmer mol. Een Aventüür wöör dat nu jüst nich, blots op de Torüchfohrt as mien Akku vun't Handy blots noch 5 % harr, un dor wöörn de Fohrkorten op. Güng over goot.

Wo wi nu all mol in Cuxhoben wöörn, sünd wi glieks wieter no Helgoland. De Wedderbericht see nich veel Gootet, over de annern Dogen harrn wi keen Tiet un meist stimmt de Wedderbericht doch nich.

Mien »Regenradar« op dat Handy see 90 % Regen vörut, bestet Sommerweer buten un in'n Stillen amüseer ik mi över mienen Schatz, de in siene Winterjack blangen mi her stevel, wiel dat doch an'n Woter jümmer so koolt is. As wi no Helgoland hen wöörn, wöör jümmer noch dat beste Weer, no mien Handy schull dat all siet twee Stünn pladdern. Nu wöör Middaagstiet un wi setten uns buten hen un bestellen uns enen scheunen Fischtöller ... Jümmer noch besten Sünnenschien. Ook no dat Eten noch, as wi uns op'n Padd möken hen no de Vogelfelsen un de »Lange Anna«. Kann man doch mol wedder sehen, wat för 'n Quatsch dat is mit düssen Regenradar!

»Kiek mol, dor achtern!«, meen mien Mann.

»Ach wat, positiv denken, dat treckt wiss vörbi!«

Jüst as de Vogels in Sicht köömen, hebbt uns de 90 % denn inhoolt, jüst dor, wo een sik narms ünnerstellen kunn un narms schulen, keen Boom, keen Struuk un 2 Kilometer rut ut'n Dörp. Dor harrn wi uns Mikroaventüür! Starkregen heet sowat.

Trüch in dat Dörp un ünnerstellen kunnen wi uns opletzt ünner den Karktoorn, over dör wöör dat all veel to loot, miene Regenjack wöör dör, de Büx, de Schoh un dat Ünnertüüch. Ook de dicke Winterjack vun mienen Kierl kunn man utwringen. Mit dat positiv Denken harr dat ook 'n Enn! Kööm, Zigaretten un Klamotten geev dat överall, ik harr 100 Euro för een normolet Handdook betohlt ... Narms wöör een to kriegen.

Wi wedder trüch op dat Schipp, wi wöörn de Eenzigen, de natt wöörn. Komisch! Wo harrn sik all de annern denn verkropen? Wohrschienlich in de Kneipen!

As wi no bummelige veer Stünnen in pitschnatte Klamotten – nee, de wöörn nich dröög in de Twüschentiet – in Huus ankömen, wöör dat een himmelsch Geföhl, de natten Soken uttotehn un sik in Joggingbüx un Wulldeek op dat Sofa intomummeln. Dat hebbt de in de Zeitung woll meent mit dat Mikroaventüür. Uns hett dat liekers goot toseggt!

De Hochtietsreis

In August '87 hebbt glieks dree Poren ut uns Koppel heirodt: Maren un Olaf wöörn de eersten, wi kömen een Week dorno un Rita un Peter, de Cousin vun mienen Kierl, as letzt.

Dat warrt jo seggt, dat jede drütte Eh in de Binsen geiht, wat Pech wöör för Peter un Rita, se wöörn de drütten. Un dat kööm dütt Mol genau hen ... Se sünd nich mehr tohoop.

Maren, Olaf un wi wullen toeerst een Dubbelhochtiet fiern, doch Olaf harr so veele Cousinen un Swippswogers, dat se alleen op 160 Lüüd köömen, also müss jeder alleen dor dör.

Över een Hochtietsreis harr keeneen nodacht, Urlaub kreeg ik sowieso nich in'n August, to veel to doon op de Arbeit. Over in September kunn dat klappen mit twee Weken free, meen mien Chef.

No een beten hen un her wullen wi denn mit Maren un Olaf tohoop verreisen, dat schull no Frankriek gohn. Maren harr dat letzte Ferienhuus bestellt, dat in'n Katalog noch to kriegen wöör. Nich mol düer, over domols kunnen wi noch nich recht Katalogen lesen, wi wöörn jung.

Vundog weet ik, dat man bi een »Naturgrundstück« mit Gnidden, Spinnen un Müüs reken mutt un dat een »idyllische Lage« heet, dat du to'n Rundstücken köpen 15 Kilometer föhren müsst.

All dat wüssen wi nich un möken uns op den langen Weg no de Bretagne. Olaf harr Tähnpien un müss morgens noch no'n Dokter, over Middags sünd wi denn los, veer Mann in een Auto.

Wi harrn höört, dat in Frankriek op de Autobohn Maut betohlt warrt, de wullen wi sporen, also güng dat suutje över de Landstroten. Toeerst in Düütschland un Belgien güng noch Autobohn, over as wi jüst in Frankriek ankomen wöörn, wöör dat düüster un Klock negen söken wi uns een Hotel to'n Övernachten un müssen ook langsom mol wat achter de Kiemen kriegen.

Den annern Morgen sünd wi denn suutje över de Landstroten dwars dör de Normandie dudelt un dat duer wedder bit ovends, bit wi bi uns Huus ankömen.

Dat wöör in een lütt, lütt Dörp. Scheune oole Steenhüüs ut Feldsteen, veele Hortensien un nix antokieken, blots de Landschop.

Tja ... dat Huus harrn wi uns anners vörstellt! Ünnen een Köök un dorachter de Boodstuuv, dat Kobel vun den Köhlschapp lööp dweer dör de Boodwann un wöör in'n Spegelschapp insteken. Wieter geev dat keen Zimmer. Un boben? Een Sloopkomer un dorachter noch een, wi müssen dör dat Zimmer vun Maren un Olaf, üm in uns Bett to komen. De beiden hebbt sik ut een Wäschlien un een oole Wulldeek eerstmol enen Sichtschutz opboot.

Olaf meen: »Ik kunn mi hensetten un blarren, wenn dat nich so wiet wöör (1400 km), wöör ik fuurts wedder no Huus hen!«

Over wo wöör överhaupt dat Tante Meyer? »Separat WC« stünn in'n Katalog un dat wöör nich logen ... Wenn een op'n Footpadd een Stück blangen de Stroot lang lööp, kööm een lütten Schuppen, dor wöör blangen de Waschmaschien ook dat Tante Meyer. Mien Kierl hett sik fuurts ut een Plastikbuddel enen Nachtpott torechtschoostert un meen: »Ik mieg ut'n Finster!« He harr dat goot, ik kunn dat slecht!

De »Liegewiese« hebbt wi annern Dag ook funnen ... Dor wöör een lütt Stück Gras achtern Huus mit een Wäschlien un een Schrottauto, dor wohnen de Höhner binnen.

Un ook den »Meerblick« hebbt wi lang söcht ... Wenn wi uns ut uns Sloopkomerfinster so wiet rutlehnen, dat wi meist op de Stroot fullen, kunn man ganz wiet an de Kimm bi Floot een beten Woter blinken sehen.

Wi harrn twee Weken vör uns mit separat WC, nix to doon, dünne Wänn in dat Huus un wi wöörn doch op Hochtietsreis!

Wi hebbt de mehrste Tiet Spelen speelt, in de Köök seten (woanners güng dat jo nich) un af un an is een Poor mol spazeern gohn, dormit de annern beiden mol alleen ween kunnen.

Over as dat ook jümmer wöör, düsse Urlaub is de eenzige, över den wi ook no över dörtig Johren jümmer noch snackt un lachen köönt.

Un mitünner hebbt Maren, Olaf un wi överleggt, wat wi nich to uns gollen Hochtiet noch mol henföhren wüllt ... Blots mol kieken, wat dat Huus noch steiht!

Bi Mutti op'n Kiez

Harrn sik doch miene leven Arbeitskolleginnen scheun wat utdacht: To mien Geboortsdag harrn se mi een Tour op St. Pauli schenkt, mit alle Mann! Oder beter: alle Froons!

De Rundgang heet: »Op de Footsporen vun Olivia Jones«, also keen Rundgang mit Olivia Jones, de sowat nich mehr nödig hett, em höört fief Kneipen to un he sitt mehr in Talkshows, staats achtern Tresen to stohn. Uns Föhrer heet *Dennis*, wöör Chef an de Dören bi Olivia Jones, de sik ook »Mutti« nöhmen deit. Bi em kunn man fuurts marken: «Ik bün de Chef!«, un he vertell uns eerstmol een viddel Stünn wat över sik sülvst.

Wi güngen denn üm de Eck un all rin in enen lütten Keller, wo kuum all in Platz harrn. Dor stünn een Stohl, so wi man em as Froo vun'n Froensdokter kennt. Blangenan ünnerscheedliche Reedschoppen un ene Tofel »Anatomie« as ut'n Bioünnericht. To sehen geev dat nich würklich veel, over *Dennis* vertell uns een halve Stünn gresige Geschichten över dat Thema »Sado-Maso«, un dat to'n Bispill in'n Darm vun enen Kierl achteenhalv Liter Woter rinpassen, wenn he op düssen Stohl Platz nohmen harr.

No een halve Stünn wedder rut ut den lütten Keller, wo wi ook noch enen Gummimoors un twee Pietschen bewunnern kunnen. Wokeen müch, dröff op de Moors rop hauen. Wat ik jümmer bewunnert hebb un jümmer noch ut vullen Harten bewunner, is, wenn Lüüd dat schafft, ut Schiet richtig Kohl to moken! Dütt wöör een perfektet Bispill!

Ik füng all an, mi Gedanken to moken ... Schull mien Kierl siene Immen afschaffen, kunn ik villicht in unsen Kellerruum ook een Sado-Maso-Studio sülvst tohoop klütern? Veel bruken deit man oogenschienlich no jo nich, gifft dat allens bi *eBay* oder in'n Baumarkt (Backeband, Slauchen, Kovelbinners etc.). Denn kunn ik ook Rundgäng moken un driest seggen, dat wöör mol een Sado-Maso-Keller ween, un kunn veel Geld moken! Rode Lampen gifft dat jo ook överall! Over ... denn müss ik dor mol richtig oprümen un ne'e Fliesen anbacken, lohnt sik dat?

Dennis wöör een düchtigen Snacker, he kunn goot un veel vertellen un kööm goot röver. Wat dorvun stimm un wat logen wöör, dor kööm dat nich op an, he möök sien Job önnig! Sehn harrn wi nich dat meiste, over veele Geschichten höört un önnig lacht. Un wi hebbt em noch sehen un een Selfie mookt: Olivia Jones. Ik güng em ungefähr bit to'n Buuknovel, so groot is de!

De Ovend op'n Kiez wöör over echt lustig, dat sünd de Ovenden mit de Kolleginnen jümmer! Trüch in de S-Bohn hebbt wi jümmer noch so veel lacht, dat een poor Lüüd sik annerswo hensett hebbt, de jümehr Roh hebben wullen!

Johrsurlaub

Mennig Mol hett mien Kierl jo richtig gode Infäll, sünnerlich to Wiehnachten. Vergohn Johr hebb ik vun em een Övernachten schenkt kregen: Ik kunn mi utsöken, wat dat een Jurte oder in een Boomhuus ween schull. In een Jurte müch ik giern mol slopen, over denn doch lever in de Mongolei un nich in Twielenfleth. Also: Boomhuus, dat wöör in Cuxhoben. In't Internet kunnen wi allens nolesen över dütt Etablissement, kommodig wöör dat, ruhig, un wi kunnen dör de Boomtoppen op dat Meer kieken, kunnen op de Terrass mit Kattekers fröhstücken un uns so richtig verholen, stünn dor. Een Boodstuuv mit Lokus un Waschbecken wöör ook dorbi, afbrusen kunn man sik op den Campingplatz blangenan. Keen Wunner, dat wi uns freit hebbt, dat wöör de eenzige Urlaub dütt Johr ... Ene Nacht in Cuxhoben.

As wi ankömen, full uns glieks op, dat dat Boomhuus nich blangen den Campingplatz wöör, man dat de annern Lüüd mit ehre Wohnwogens un Telten meist bit an uns Huus stünnen. Dat Huus seeg over kommodig ut un wi güngen de twee Treppen hooch un möken de Döör op. Dat eerste, wat wi to sehen kregen, wöör dat Schild: »Toilette defekt, bitte nicht benutzen!« Een Waschbecken wöör dor, over keen Woter. Dorför over lütte Flegen in groote Mengen, de ut dat Tante Meyer krabbeln un sik in dat ganze

Boomhuus verdeeln. Wenn wi nich al betohlt harrn, wöör ik glieks wedder nu Huus hen!

Vun Roh un Freden kunn keen Reed ween, direkt blangen dat Boomhuus wöörn nich blots de annern Camper, man ook noch een groten Speelplatz un een Kladderanloog, de nu merrn in de Sommerferien goot besöcht wöör. De Seelbohnen klötern, Kinnerlarm un Grölen den ganzen Dag. »Wwwwwwwwhh!«, »Wwwwwwwhhhh!« (de Seelbohn), klöter, klöter, klöter, klöter (ook de Seelbohn), »Katharina, Kaaaathaaaariiiiina, ich komm jetzt!« (de Kinner).

Mien Mann harr sik nu op de gode Utsicht verleggt un begluupögt vun uns luftige Hööchd vun veer Meter över de Telten un Campingwogens dat Leven op den Platz. »Kiek di dat mol an! De Kinner miegt ünner uns Boomhuus!« – »Ach, lot jem man, dat Lokus is jo ook 500 Meter wieter, wi sünd jo morgen wedder weg!«

Nohdem wi keen Middagsroh moken kunnen wegen den Larm, hebbt wi eerstmal enen Plon mookt un sünd hen no'n Supermarkt: Insektenspray, enen groten Ammer, 6 Buddels Woter to'n Waschen, een Speel, Rootwien un een Spirituose ut de Region. Ovends sünd wi den los un hebbt scheun Fisch eten, achteran op unse Boomhuus-Terrass seten, Rootwien drunken un ook de regionale Spirituose un dat ne'e Speel so lang speelt, bit wi de Punkten nich mehr tohoop tellen kunnen. Dorüm kann ik ook nich seggen, wokeen wunnen hett. Klock halvig teihn ovends höör denn ook dat Klötern vun de Seelbohn op un de Kinner güngen langsom no'n Wiemen.

Over ruhig wöör dat jümmer noch nich, an'n Strand speel ener Dudelsack, leider teemlich falsch. Over egol, wi wöörn sowieso duun un wi höört ook giern Dudelsack. In de Nacht hebbt wi goot slopen, rut müssen wi jo nich, wi harrn unsen Ammer.

Annern Morgen harr ik enen teemlich dicken Kopp, de Kombinatschoon ut Rootwien un Sanddoornsnaps wöör woll doch nich so ideal. No dat Fröhstück sünd wi denn ook teemlich bald wedder nu Huus hen. Dat wöör uns Urlaub, af un an mutt man blots mol weg föhren, dormit man weet, wo scheun dat in'n Huus is!

Düsse Stress an Boord

No lange Tiet mol wedder een poor Dogen rut, een beten verholen wullen wi uns an Boord vun de »MS Artania«, de wi ook ut'n Puschenkino kennen ut de Serie »Verrückt nach Meer«. Güng los vun Bremerhoben, ganz kommodig.

Wo ik nich mit rekent harr, wöör de Tietploon. Kuum dat wi an Deck wöörn, geev dat eerstmol Sekt un denn güng dat al los mit een 5-Gäng-Menu! Ik müss mi eerstmol vun dat Eten verpuusten un föhl mi as de »Raupe Nimmersatt« ut dat Billerbook vun mienen Enkel. As wi trüch no'n Wiemen köömen, wöörn de Betten all trecht un ik kunn mi eenfach rinfallen loten, man goot! Op de Betten leeg glieks de Tietploon för den tokomen Dag: »Erholung auf See« wöör dat Motto.

No dat Fröhstück güng dat an'n annern Morgen glieks los mit enen Vördrag, de mi bannig interesseer, denn müssen wi over fix wedder los, dormit wi den »Hanseaatschen Fröhschoppen« nich verpassen deen. De Kellner löpen fix in Fischerhemmen över dat Deck, verdeeln Sekt un Fischtöller, de Koptein wull uns begröten. Wi em ook, kloor! Den Spazeergang op Deck mit *Sandy* harr ik dor all verpasst un ook den Morgensport mit *Mandy*. No dat Middageten harrn wi jüst noch Tiet för enen Rundgang an Deck, denn güng dat wieter mit Bingo mit *Cindy*, möök Spooß, over wi müssen tokieken, dat wi uns rechttiedig ümtrecken för dat Ovendmenu mit fief Gäng, dorno geev dat noch een Show, extra för uns instudeert. Nu over hen in de Puuch, denn de Nacht wöör kott.

An'n annern Morgen müssen wi rechttiedig rut, wi harrn een Utfohrt mit Bus op'n Plon, de Wecker klingel viddel no söss, rut, sik afbrusen, antrecken, Fröhstück un denn güng dat rut. Dütt Tour tööv *Wendy* op uns un bröch uns rut. Een scheune Tour dör de Normandie harrn wi den Dag, ovends denn wedder 5-Gäng-Menu (wo ik nu intwüschen utsett harr un blots dree Gäng nöhm!). Ovends wedder hen no de wunnerbore Show.

Wedder klingel de Wecker morgens Klock viddel no söss, un so langsom dämmer mi, dat dat mit dat Verholen woll nix mehr warrt. Slopen kunnen wi in'n Huus, harr de Koptein seggt, un dormit harr he woll recht.

No de Week op'n Schipp harrn wi veel sehen, noch beter eten, enigermoten veel drunken un wenig slopen un uns mit *Wendy*, *Mandy*, *Cindy* un *Sandy* amüseert, un ook een poor nette Lüüd kennen lihrnt. An'n letzten Ovend noch Alfred un siene Froo, de begeistert wöör, op'n letzten Rest doch noch enen to finnen, de mit em Plattdüütsch snacken kunn (un he wull ook giern in düsse Geschicht vörkomen!).

Verholen will ik mi lever denn in de Week no Wiehnachten, denn is nix in'n Goorn to doon, in Januar sünd keen Terminen un denn mook ik mol nix. Dor frei ik mi nu al op.

Mien echt güllen Tokunft

Mennig Mol kann ik opmünnernd Snacks lesen in't Internet oder mi schickt ener sowat op mien Handy, so as »Du müss jeden Dag geneten, as wenn't dien letzte wöör!« oder düsse Wohrheiten, de jeedeen kennt un weet.

Meist dreiht sik dat dor üm, noch beter to warrn, de Arbeit fixer un beter to moken un för allens uns in jeden intoföhlen. Ik will over gor nich beter warrn, mi dücht, ik bün jüst so goot as ik bün, een beten to lütt, een beten to dick, een beten to luut. Un vör allens hebb ik een güllen Tokunft för mi, wenn ik in Rent goh, wat woll noch een poor Johren duern warrt, föhr ik no See!

»Ironie des Schicksals« kann man slecht op Platt översetten, over ik müss mit över sösstig Johren för mien Arbeit noch enen Lehrgang moken för Seniorengymnastik. Ik bün sülvst Senior, over mutt noch Öllere anhollen, sik to bewegen. Mien ganzet Leven harr ik keen Verlangen no Sport, al in de School harr ik jümmer een »Veer« in Sport, mitünner een »Dree«, wenn de Schoolmeester groot Mitleed mit mi harr. Seniorengymnastik is een feinen Sport, dat geiht in'n Sitten, ook dor kann man sik önnig bewegen un in Sweet komen. Düsse Sport mookt mi ook Spooß, kommodig in'n Sitten!

Sünnerlich wichtig sünd de Muskeln in de Been, dormit de Ölleren nich henfallt. »Sturzprophylaxe«, dat is mien Thema!

As wi letztet Mol op Krüüzfohrt wöörn, kööm ik mi meist vör as op de Arbeit ... Rund üm mi rüm noch veel Öllere as ik ... Dat Dörsnittsöller op dat Schipp wöör 78 Johr. Dor löpen veel mit Rullater, Stöcker, holen sik an de Reling mit beid Hannen fast, so dat ik kuum henkieken much. Jedet Mol, wenn een in kippeln kööm, wull ik an'n leevsten hen lopen, over mien Kierl hol mi fast. »Du büst hier in Urlaub un nich op de Arbeit!«

In jeden Hoven stünn de Nootfallwogen un jichtenseen wöör wedder afhoolt, annere löpen mit dicke Ploster op de Been oder Arms, de henfullen oder utrutscht wöörn. De Borddoktersche harr all Hannen vull to doon.

Op de Reis hebbt wi een Froo kennen lihrnt, de dree Vördrääg över Homöopathie holen hett, wo kuum een hengohn is, se dröff over as »Tageskünstler« de ganzen dree Weken för lau mitföhren.

Dat is mien Chance!

Dorüm hebb ik för mi besloten, so bald as ik in Rent goh, föhr ik op'n Krüüzfohrtschipp mit un kümmer mi üm de, de kuum noch lopen köönt: Theraband, Sturzprophylaxe un Gymnastik för de Been, dat kann ik! Dorto noch een poor Dänz in'n Sitten, so as »Aloha he!«, de »Holzmichel« un de Amigos. Een Stünn arbeiden, den Rest vun'n Dag sitten un Koffie drinken un de Wellen tokieken! Wiss dröff mien Kierl denn ook mit! Wat hebbt wi för 'n güllen Tokunft!

De neest Mood

Is jau dat ook al mol opfullen, dat dat för veele bekannte Soken nu annere Nomen gifft un dat dat denn mit eenmol heel modern is? Sünnerlich in de Corona-Tiet is dor fix wat in de Gang!

Veelet, wat wi fröher ook möken un gor nich veel över snackt hebbt, hett nu een engelschen Nomen un is heel neet, cool, un jeedeen will dat moken. Jason-Tim (de veerteihnjöhrig Aflegger vun mien beste Fründin Elke) annerletzt harr sik vergohn Johr mit sien besten Fründ op'n Padd mookt to'n »Geocaching«. Keen slechte Sook, de Jungs sünd kilometerwiet dör't Holt lopen mit jümehr Handys un hebbt no lütte Soken söcht, de jichtenswo versteekt sünd. So op de Oort hebbt wi dat fröher ook mookt, blots dat wi uns versteekt hebbt in'n Holt, toeerst to'n Smöken un loter to'n Knuutschen.

Over ehrlich ... »Geocaching« hett fröher »Snitzeljagd« heten un güng ganz ohn GPS.

Een annert Bispill: Lüüd leggt sik in'n Goorn een Beet an, womööglich sogor een Hoochbeet, dor warrt denn Wuddeln, Kantüffeln oder Arven anplant un dat de Welt as ne'en Trend verköfft. Judith Rakers un annere Promis mookt dat vör un hebbt sogor Böker doröver schreven. Dat heet hüüttodoogs »Gardening« oder in de Stadt denn »Urban Gardening«.

Un jümmer mehr Lüüd in de Stadt kööpt sik Höhner. Ook een ne'en Trend. Hett den Vördeel, dat dat in de Stadt nich so veele Marders gifft. Ik weet, wovon ik snack. Wi hebbt tweemol een kumplettet Massaker beleevt un nu hebb ik keen Lust mehr op Höhner. Uns lütte Enkel Max hett dor wat in'n verkehrten Hals kregen: »Maler hat Hühner geholt, Omi neue kaufen!« Maler kennt he, de wöör letzt dor, Marder kennt he nich.

Over trüch to dat Thema: Ik hebb siet düsse Week enen »Lese Buddy«. Tjä ... Nu kiekt ji! Dat kummt vun Instagram ook ut'n Internet un man kunn Böker winnen, dor hebb ik mitmookt. Ik hebb een Book wunnen un överher de Adress vun een Froo, de ook dat Book wunnen het, un wi schüllt dat nu beid lesen un uns denn uns Menen dorto seggen. Kunn ganz intressant warrn. Over egentlich hebb ik al över dörtig Johren een Lesekring, wo wi tohoop Böker leest un besnackt. Also so 'n ne'e Idee is dat mit de »Lese Buddys« nu ook nich, wenn man mol ehrlich is.

Fohrrad föhren heet hüüt »Cycling«, Koken is »Cooking« un Backen is »Baking«, allens mit ne'e Böker un bannig in'n Trend. Nu tööv ik noch dorop, dat ut uns Kegelclub een »Bowling Club« warrt un vun den Seniorennohmiddag een »Best Ager Meeting«. Denn bün ik over dorbi!

De Rolling Stones op Tour

Is dat to glöven, se sünd wedder op Tour! De öllste Boyband vun de Welt geevt ook in Düütschland twee Konzerten, 60 Johren op Tour, so lang as ik op de Welt bün. Over as ik de Priesen sehen hebb ... Üm un bi 300 Euro mutt man reken, wenn man nich dree Stünnen stohn müch. Over de Priesen hebbt ehren Grund, wenn man sik dor mol een beten över nodinkt, wat allens nödig is för so 'n Tour.

Nich blots de Technik, de Transport un Lüüd, de allens opboot, bi de Stones kummt noch wat annert dorto: dat Öller! Dat Öller vun de Band un vör allen dat vun de Tokiekers. Mick Jagger is jüst so as Keith Richards intwüschen 78 Johren oolt, een Öller, wo sik de allermeisten bi dat Bewegen mit Rosen meihen, Gymnastik in'n Sitten un E-Bike-Touren begnöögt. Mick Jagger is bi de Konzerten jümmer bannig in Gang, nich blots singen, man he mutt ook veel rennen.

Ik müch wetten, dat he mit *Vita Buerlecithin* un *Doppelherz* nohelpen deit, anners kann dat nich angohn. He is in siene Tigerleggings (vun wieden) noch smuck antosehn, over de wenigsten weet, dat de Buul vörn in de Büx nich sien bestet Stück is, man een extra för em mookt Inkontinenzinloog för Mannslüüd. Entwickelt vun de Firma *Tena*, he schall dor Markenbotschafter warrn, as ik höört hebb. Allens süht jümmer so eenfach ut, over woveel Lüüd weet, dat sülvst Jopie Heesters in sienen letzten Johren jümmer blots an'n Klaveer anlehnt hett, wiel he anners ümkippt wöör.

Bi de Stones-Konzerten mutt ook een Telt upboot warrn, üm de Tokiekers Luft totopuusten, de wegsackt sünd, un dat warrt nich wenig ween ... Un ook de Stones mööt in de Paus mol kott dor rin un önnig dörpuusten. In den Pries inreken mutt man de ganzen Nootfallassistenten un Krankenwogens för de Tokiekers, de sik mitt dree Stünnen stohn doch övernohmen hebbt. Un nich vergeten: Veele Tokiekers hebbt al een Pleegklass un bruukt een Begleidperson, de mitünner nix to betohlen bruukt.

Düsse Ümstänn mööt al op den Pries anrekent warrn un op all de Tokiekers ümleggt warrn. Mit de Drinken is op düsse Konzerten nix to verdenen, denn öllere Lüüd drinkt meist nich mehr so veel, dormit se nich so foken op't Tante Meyer mööt.

Also: de Stones ohn mi! Oole Mannslüüd gifft dat in Düünbeudel ook noog, dorför mutt ik keen 300 Euro to betohlen, ook wenn nich all Gitarr spelen köönt un Tigerleggings dregen doot. Over lot man ... Ook wenn ik de Band nu een beten dör de Kakao togen hebbt, mookt man wieter, Jungs! Ji speelt geile Mucke.

Ik studeer in'n Homeoffice

Ik bün würklich neeschierig, woans de Lüüd in een poor Johren över düsse verdreihte Tiet snacken un sik besinnen warrt. »West noch, domols müssen wi al mit Snutenlappen no'n Inköpen!« – »West noch, de Kinner dröffen söss Moonden/een Johr nich no de Disco un in't Kino. Wo hebbt de blots de Tiet rümkregen?« Corona hett de Welt verännert, over nich allens is slecht.

Ik weet noch, an Anfang vun Corona wöörn so wenig Autos op de Stroot (man schull sik jo nich besöken), dat ik an enen Sünndagmiddag op miene Ligg in de Sünn in Goorn eenfach inslopen bün, direkt blangen de B 73. Dat hett dat noch nie geven, so lang as ik hier wohn.

De Lüüd mööt nich no Arbeit, sünnern mookt dat mit eenmol eenfach to Huus an'n Computer un mööt nich twee Stunnen no Hamborg in'n Stau stohn. Op eenmol geiht dat, ook goot för de Ümwelt. Un uns Jung, de Maschinenbo studeert, studeert in'n Huus ... Un ik ook.

Schood is, dat dat keen Fach is, dat mi interesseert. Harr he nich Geschicht, Literatur oder mientwegen ook Medizin studeern kunnt? Jeden Middag wenn ik froog: »Hest du Tiet to'n Eten?«, heet dat: »Nee, ik hebb jüst een Vörlesen!« Meist kummt he denn doch mit sienen Laptop rünner un stellt den blangen sienen Teller un fangt an to eten.

Op den Laptop quasselt de Perfesser över Strukturtechnik, Passive Sekerheit, oder tekent Linjen in een Programm. De Studeerfachen heet STK, PPA un KK3, in de ganzen Johren kunn ik mi nich marken, wat dat bedüden schall. De Stimm vun düssen Perfesser höört to uns Familie längst dorto, he kann so langwielig snacken, schierweg ohn wat to betonen un so dröög, dat man dat nich beschrieven kann.

Wi man sik düsse Informatschonen in sienen Bregenkassen rinkloppen kann, verstoh ik nich. Ik hoff för mienen Jung, dat sik dat ganze lohnt un he mol jichtenswann een ganz dollen Job findt un veel Kohle verdeent. Ik höör düsse langwieligen Vördrääg nu all siet Weken. Man kunn seggen, ik studeer Maschinenbo. Leider verstoh ik noch weniger as Bohnhoff.

Wenn ik de Köök denn trecht hebb un noch Tiet för een Viddelstünn op'n Sofa, sloop ik bi düsse monoton Quasselee straks in. To jichtenswat sünd düsse Vörlesen doch goot. Over för dat Pröven moken warrt ik mi beter nich anmellen. Lohnt sik in mien Öller nich mehr, Inschenöör to warrn!

Verdreihten Kroom

Lange Tiet wöör ik nich mehr bi miene Fründin Elke ween, vundog harrn wi mol wedder Tiet, tohoop to fröhstücken.

»Mi is letzt wat passeert!«, stöhn Elke, »over vertell dat blots keeneen ... Du kennst doch miene Fründin Stefanie, de letzt ehren 40. Geboortsdag harr?«

»Wöör dat nich de Fründin, wo de Kierl annerletzt sien groote Leev funnen hett? Blots dat dat nich Stefanie wöör?«

»Ganz genau, vun de snack ik. De harr mi to ehren Ehrendag inlodt, un ik harr ook een feinet Geschenk.«

»Kiek mol, dat glööv ik di. Wat harrst du denn?«

»Ik dach mi, Stefanie schull mol wedder ünner Lüüd gohn, dorüm hebb ik in de Parfümeree een fein Kist mit Make-up köfft, Lippenstift, Liddschadden, allens, wat man so bruukt, un denn in de Bookhannel noch een Book ›Mut zur neuen Liebe‹.«

»Oha! Un wat hett se to dat Geschenk seggt?«

»Se is mi üm de Hals fullen un hett mi drückt, over in dat Paket wöör nämlich wat ganz annert: Een Massage-Gootschien för een Massage mit hitte Steen. Stefanie hett sik freit as dull un ik wüss nich, wat ik seggen schull. Stefanie meen, ik harr woll enen söövten Sinn, se wull jümmer al giern so een Massage moken mit hitte Steen, de wöör over jümmer to düer ween. Un överhaupt harr se dat so in'n Puckel in'n Momang!«

»Woso annert Geschenk? Wat is passeert?«

»Ik hebb twee Geschenken ogenschienlich no vertuuscht!«, verkloor Elke. »Miene Tante Edeltraut harr doch ook 75. Geboortsdag, un ik harr för ehr den Massage-Gootschien köfft. De Paketen legen beid blangenanner un sehen teemlich övereen ut. De Gootschien wöör ook in so 'n groten Karton inpackt, un ik hebb em mit de Post henschickt.«

»Ach du leve Tiet!«

Ik seeg Tante Edeltraut vör mi, de ehr Leven lang nie verheiroodt ween wöör, se arbeidt in de Bibliotheek un wöör jümmer in Soken Kultur ünnerwegens, ehr Outfit bestünn meist ut Faltenrock un Dutt. Man harr mol wat munkeln höört över een Liaisong mit den Böversten vun de Bibliotheek, de over all twintig Johren ünner de Eerd wöör. Tante Edeltraut wöör, man mutt dat so seggen, de »oole Jumfer« in Person. Make-up un »Mut zur neuen Liebe« för Tante Edeltraut. Verdreihter güng dat nich.

»Jo, pass op, de Geschicht is noch nich to Enn. Annern Dag röppt mi Tante Edeltraut an un bedankt sik ganz hart för mien Geschenk. Se wöör so goot toweeg, dat se kuum snacken kunn. Se harr sik noch nie över een Geschenk so dull freit, se harr den Lippenstift un den Liddschadden glieks utprobeert un wöör ganz ut de Tüüt. Vör alln harr se sik freit, dat ik ehr dat in ehr Öller noch totroen dä, enen Kierl to finnen. Een fröhere Kollegin harr ehr tosnackt, sik op een Internetsiet intodregen, un se harr tokomen Sünndag ehr eerst Date! So glücklich hebb ik Tante Edeltraut noch nie beleevt!«

»Denn wünscht wi man gooten Erfolg, Hauptsook is, se hett sik op de richtige Internetsiet indrogen – un nich bi *Tinder*!«

Dat letzte Kind hett Fell

Mien Leven lang wull ik jümmer een Katt hebben. »Gifft dat nich«, seen miene Öllern, »wi wohnt to dicht blangen de Stroot, dor warrt de överjoogt. Een Katt gifft dat nich!« Nohdem miene Öllern in ehren Loden veele Inbrekers harrn, schull een Wachhund in't Huus: *Bello*, een Boxer, de beste Speelfründ, de mien Broder un ik uns denken kunnen. Over de Hund wöör teemlich dösig, frei sik över jeden Besöök - ook vun de Inbrekers - un bell blots, wenn em dat tofällig in'n Kroom passen dä.

As Wachhund ganz un gor nich to bruken, wat mien Vadder em bi jede Stüerverkloren wedder vörhollen dä: »Du büst hier as Wachhund instellt, weest du dat överhaupt?«, se he to den Hund, de kommodig blangen den Oven slööp. As Antwoort kööm een lies Pupen. Un een Katt harr ik jümmer noch nich.

As ik verheiroodt wöör, wull ik giern een Katt hebben, over wi wohnen wedder dicht an de Stroot un mien Mann meen: »Nee, een Katt gifft dat nich, wi wohnt an de Stroot un de warrt överjoogt. Een Katt geiht achter Vogels un dat passt nich to de ganzen Vogels, de ik hebb!«

Mit fölftig harr ik mi meist een Peerd köfft - ook een Kinnerdroom - over in'n letzten Momang is dat denn doch een ne'et Auto wurrn. Kummst eenfacher mit no de Arbeit!

Nu, fast in'n Rentenöller, hebb ik mienen Wunsch wohr mookt un de lütte sööt Koter *Findus* is bi uns intogen. Mien Familie harr nich veel Totroen in mi as Katten-Mama. »Ik kratz em nich vun de Stroot, dat mookst du!« (mien Mann), »Du hest doch överhaupt keen Ohnen vun Katten!« (mien Dochter) un »Ik geev di dree Doog, denn hest du em verloren, du mookst de Döör denn nich richtig to un denn löppt he weg!« (mien Jung).

Lütt *Findus* trock in un de Familie wöör ut de Tüüt, wo sööt, week, kuschelig un fründlich he wöör, he harr glieks Totroen un güng op sien Katten-Tante-Meyer ... Allerbest!

No de eerste Nacht in sien ne'et Tohuus wull ik den Lütten Fröhstück geven un müss faststellen, dat he weg wöör. Ik weet jo, dat een Katt sik nich in Luft oplösen kann, over hier wöör dat ogenschienlich no doch de Fall. Ook nodem ik achter all Schappen keken harr, utrüümt un rinkeken, bliev de Katt weg. Vör Bang wöör ik gor nich mehr bi mi, wo harr de Lütte sik verkropen?

Ik rööp em, stell dat Foder hen, de Wohnung bleev dodenstill! Keen Kratzen, keen Piepen, keen Miau. Harr de Lütte doch Bang un sik verkropen oder wöör he utneiht? Over wohen? Un wo hett he dat mookt? He möök kenen bangen Indruck ... Nu nützt dat nix, ik müss no Arbeit.

Ovends as ik vun de Arbeit kööm, seet mien Mann mit den lütten Koter op den Arm op'n Sofa, dat Foder allens opfreten. »Ik hebb blots twee Minuten bruukt, dor harr ik em funnen!«, kunn mien Mann stolt vertellen.

De Lütte harr sik achter Oma ehren oolen Schapp - dree Meter breet, Gelsenkirchener Barock - klemmt un kunn nich ümwennen, dor wöör keen Platz, torüchoors kunn he nich. He harr den ganzen Dag in sien eng Kaschott seten, dat lütte Deert, bit mien Mann kööm, den Schapp utenanner reten harr un den Lütten rut hoolt. He keek mienen Mann vun de Siet an, sien Blick se: »Du büst mien Held!«

Siet de Tiet hebbt wi blots noch Spooß tohoop un ovends sitt he mit uns op'n Sofa un warmt uns de Fööt!

Katt in Bett?

Ik weet nich, wo vele Johren ik mi över Lüüd opreegt hebbt, de ehre Deerten in'n Bett slopen löten. Bäh, nee! De ganzen Hoor un den Dreck, un wat passeert mit de Erotik, wenn Wuffi un Mieze ook mit no'n Wiemen goht? Nee, mien Leevdag nich! Nich mit mi!

Siet September höört uns Koter *Findus* nu to uns Familie, un mien Mann un ik wöörn uns selten Mol so övereen: De Sloopkomer is tabu för em. Afsoluut un ohn Diskuschoon: Düsse Döör blifft to för em!

Een poor Weken güng dat ook goot, de Lütte slööp alleen op't, ünner't oder blangen dat Sofa.

He is jo nu de söötste Katt, de man sik denken kunn, un dorbi noch so anhänglich, dat utgerekent mien Göttergatte em fuurts in't Hart sloten harr, dorbi wöör he doch dejenige, de överhaupt keen Katt wull (»Ik kratz em noher nich vun de Stroot, dat mookst du!«).

Over so 'n Deert is ook nich dumm. Jichtenswann hett *Findus* rutkregen, dat mien Keerl fröher opsteiht as ik ... Un wenn man denn fix is, kann man jüst den Momang afpassen, wenn de Döör opgeiht, un in de Sloopstuuv huschen. Noch fixer geiht dat, wenn man glieks vör de Döör slöppt, denn verpasst man düssen Momang nich.

Wi wöörn fix mit de Döör tomoken, he wöör noch veel fixer mit dat rinhuschen. Wi hebbt em rut bröcht, he hett an de Döör kratzt un miaut, wi bleven stuur. Wat glöövt ji woll, wokeen hett wunnen no een poor Weken? Wokeen hett Bock, morgens Klock viddel no veer mit so ’n Katt to diskuteern? Eben! Un dat weet düsse Deerten ganz genau! Bi de Toversicht, glieks wedder intodusseln, wenn de Katt fardig is mit Op-di-Rümtospringen un Di-Aftolecken, gifft man dat bald wedder op. Toeerst smitt he sik op mien Mann, denn op mi rop un wöhlt rüm. No fief bit teihn Minuten Hüppen un Knabbern kuschelt sik *Findus* denn twüschen Mama un Papa in de Ritz an de Fööt un gifft Roh.

Un so ’n Katt an de Fööt is an’n Enn beter as gor keen Gemöötlichkeit! Punkt Klock halvig söven verlangt he Fröhstück, fangt dat Rümspringen un Miauen an, mienen Wecker bruuk ik nu nich mehr. Sport an’n Enn noch Stroom, so ’n Katt! Un so lang inne Puuch to liggen, is jo ook nich goot. Ik bün blots neeschierig, woans he dat Ümstellen op de Sommertiet henkriegt!

Platt in fief Sätz

»Oh Mann!«, meen miene Fründin Martina letzt. »Wenn ich doch bloß ein bisschen besser Platt könnte! Meine Eltern haben mit uns zu Hause immer Hochdeutsch gesprochen. Bei meinem neuen Job im Altenheim wäre das oft echt super! Kannst du mir nicht ein bisschen beibringen? So für jede Situation?«

»Dat kannst du ook lihrnen, Martina. Kiek mol, egentlich bruukst du blots een poor Wöör!«, verkloor ik. »Wenn du morgens rin kummst, seggst du eerstmol *Moin, Moin!*«

»*Moin, Moin*? Das kann ich!«, wedderhool Martina.

»Kannst ook eenfach blots eenmol *Moin* seggen, gifft Lüüd, för de is *Moin, Moin* al Sabbelee!«

»Aha! Und denn?«

»Denn froogst du eenfach: Na, Heini/Erna/Fritz oder wat weet ik, *wo geiht di dat?*«

»Hmmmh, *wo geiht di dat?*«

»Jo genau, *wo geiht di dat?* Oder ook: *Na, mien Jung oder mien Deern, wo geiht di dat?* Un denn fangt de Lüüd eerstmol an, vun jümehr Wehdoog un Maleschen to vertellen. Dat se nich slopen kunnen, dat de Been weh doot un dat dat Gebiss wackelt to'n Bispill. So lang as se vertellt, bruukst du jo gor nix to seggen. In de Tiet kannst jem al waschen, antehn oder Koffie henstellen. Af un an seggst du eenfach *Jo!* oder *Jojo!* oder *Tsü!* Wenn de Person denn allens vertellt hett, seggst du eenfach: *Nützt jo nix*. Dat passt jümmer, probeer dat mol ut!«

»Also: *Moin, jo, tsü, nützt jo nix*!«

»Un wenn di ener Quatsch vertellt un du een annere Ansicht hest, denn froogst du eenfach: *Dücht di dat*?«

»*Dücht di dat*! Das krieg ich hin!«

»Un wenn jichtenswat malöört oder du müsst wat doon, dat di nich gefallt, seggst du: *Wi hebbt den Krieg nich wullt*!«

Een poor Dogen loter drööp ik Martina wedder.

»Das hat super geklappt mit dem Plattsnacken!«, vertell Martina.

»Hest du dat so mookt, as ik dat verkloort hebb?«

»Verstehen konnte ich das schon immer, nur nicht sprechen! Ich habe schon einen neuen guten Satz dazu gelernt: *Löppt sik allens trecht*.«

Jede Week snackt Martina nu mit de Bewohners een beten Platt, een poor Wöör hier, een poor Wöör dor, bi veele reckt dat.

»Ach Deern, endlich mol ene de mi versteiht!«, harr letzt ener to ehr seggt.

Un dör dat hier un dor een beten Platt warrt Martina nu jümmer beter un is all sogor to unsen plattdüütschen Klöönsnack bi de Landfroons mit ween.

»Snack mol Platt, wenn't passen deit, dormit uns Sprook nich ünnergeiht!« hebbt wi dor as Motto. Un uns Krink is de leevt Bewies, dat man Plattdüütsch lihrnen kann – wokeen dat verstohn kann, kann dat ook snacken!

De goote Plon

Ik weet nich, woans jau dat geiht: Fangt ji morgens in'n Bett ook al an, jau een Plon för den Dag to moken? Dat kann ik allerbest, bevör dat ik in de Bruus bün, is de Dag al dörplont: As eerstet will ik no'n Fröhstück in'n Goorn un de Rosen snieden. Dorno inköpen un Middag moken. Nomiddags kummt denn de Boodstuven un de Kö̈ök an de Reeg. Perfekt, denn kann ik vundog veel schaffen.

Vull Swung stieg ik ut'n Bett un teih de Jalousien rop ... Dat regent as ut Ammers. Tja, denn warrt dat woll vundog nix mit de Rosen, mookt nix. Ik hebb jo noch mehr op'n Zeddel. Koffiemaschien an, Müsli tohoop kleit ... Dor klingelt dat Telefon.

Dat is miene beste Fründin Elke un ik hö̈or fuurts, dat ehr dat nich goot geiht. Jason-Tim, ehr Jung, is nu merrn mang de Pubertät, foken gifft dat Knatsch un nu jüst bi dat »Homeschooling«, wi de Ünnerricht in Huus nu so scheun nö̈ömt warrt, warrt dat nich beter. He hett keen »Bock«, al gor nich, wenn Elke em wat verkloren müch. Elke is meist an'n Blarren, ook Joeline-Chantalle, de Lütte, mookt nich wat se schall.

»Wann warrt dat Leven endlich mol wedder normol?«, froogt Elke. »Ik kann nich mehr!«

Ik geev ehr Recht, mit een Oog kiek ik op de Klock un denk an mienen Plon, over afwörgen kann ik Elke nu wiss nich. As Elke sik een beten begö̈öscht hett, is dat meist Klock teihn.

Over egol, Fründschop is wichtiger as mien Plon.

Nu over to'n Inköpen! Ik pack all miene Taschen in mien Auto, de leddigen Buddels ook glieks un dreih den Slötel.

Mien Auto seggt nix. Ik dreih noch mol den Slötel. Mien Auto seggt nix. Sowat! Siet bald teihn Johren föhr ik mienen begnuppten »Kampf-Corsa« (de hett mol op'n Silomuer parkt, siet de Tiet hett de sienen Nomen) un nu dat!

To'n Glück is de Autowarksteed in uns Dörp nich wiet un de helpt ook jümmer fix bi sowat. Denn warrt ik dor mol anropen. In'n Momang hebbt se keen Tiet, over wenn ik in twee Stünnen in Huus wöör ... Jo kloor, ik kann jo nich weg.

Also, glieks Middag moken, keen inköpen. Jichtenswat warr ik woll noch finnen. Tsü, Kantüffeln sünd noch da un Broodhering ook noch, wat will ik mehr? Over nomiddags, denn kann ik noch wat moken ...

Wedder Telefon, dütt Mol miene Dochter, se mütt nomiddags inspringen bi de Arbeit. Kann de Lütte woll no di herkomen? Kloor kann he dat! Mien Enkel is mi jümmer willkomen, is doch kloor. Ik frei mi, mit den Lütten hebbt wi jümmer veel Spooß! Rein moken un inköpen mutt ik denn mol 'n annern Dag. Wat is ut mienen perfekten Plon worrn? Gor nix! Mookt over ook nix. »Nimm di nix vör, denn sleit di nix fehl!«, hett miene Oma jümmer seggt!

Paddel un Genie

»Mama, weest du tofällig, wo oolt Mozart worrn is?«

»Jo, sössundörtig!«

Woveel Inwohners hett Wupperdaal, wo liggt Kiribati un wokeen wöör mit Heinrich VIII. vun England verheiroodt, wann wöör de franzöösche Revolutschoon? Woveel Enkelkinner hett Königin Sylvia un woans heet de? Wat is dat endoplasmatische Retikulum, woans schrifft man Immunsuppression un wat is dat överhaupt?

Bi »Wokeen warrt Milljonär« wöör ik tominnst 64.000 Euro winnen, wenn ik dat blots schaffen kunn, dor överhaupt op'n Stohl to komen. Mit mi speelt in Huus keeneen mehr Quiz oder *Trivial Pursuit*, un in miene Familie heet dat mitünner: »Mama is jüst as Google, man blots ohn Stroom!«

Dat is al vörkomen, dat de Lüüd mi jümehr Berichten vun'n Dokter ünner de Nees holen hebbt, wo ik doch bi'n Rooten Krüüz arbeid. Nu interesseer ik mi bannig för Medizin un kenn miene egen Krankheiten, over Ohnung vun Medizin ... Nee, dat nu wiss nich!

Over wenn ünner den Bericht vun Dokter ünner steiht »o. B.«, denn weet ik, dat dat »ohne Befund« bedüüdt, un ik kann de Lüüd seggen: »Dor steiht, du hest nix!« Denn hebbt de Lüüd sik freit un dat möök Indruck, dat ik dat wüss.

Mi hett mol ener verkloort, dat man sik dat markt, wat enen interesseert. Also, so eenfach kann dat nich ween, bi mi kummt dat nich hen. Woans kann dat angohn, dat ik all de Texten vun Wolfgang Petry mitgrölen kann, de Musik over nich höör un ook nich utstohn kann? Woso kunn ik di in'n Sloop de Nummer vun Rosi ut »Skandal im Sperrbezirk« (Richtig! 32 - 16 - 8!) seggen, tominnst 20 Johren hebb ik dat Leed nich höört?!

Sowat weet ik! Over wo hebb ik den ne'en Kuli henpackt, wo is all wedder dat Lodkovel vun mien Handy un wat wull ik överhaupt in'n Keller? Ook in'n verbuddeln vun Soken bün ik spitze, sünnerlich wenn dat Soken sünd, de noch kenen fasten Platz hebbt in'n Huus oder in mien Leven.

In de Landkoorten vun Kanada kenn ik mi ut un kunn di to jede Tiet wiesen wo Regina, Winnipeg oder Montreal sünd, over bi de Stüerverkloren fang ik an to blarren, wiel ik dat nich kapeer! Un mien Feernseher kann ik ook nich ümschalten, ik kann blots NDR. Ik strukel dör mien Leven as een Mischung ut Paddel un Genie. Ik wöör mi vun Harten wünschen, dat ik de Soken wüss, de ik bruken kunn ... Computer, Stüer, Feernseher, staats de Telefonnummer vun Rosi oder de Enkelkinner vun Königin Sylvia, de mi doch puttegol sünd! Villicht geiht jau dat ook so?

In den Fall, wenn man jichtenswann wat nich weet, helpt dat ook meist, kott to överleggen un denn bestimmt een Antwoort to geven. Denn glöövt dien Gegenöver, du weetst dat. So as in den Fall vun Mozart, ik hebb nokeken, he is blots fiefundörtig Johren oolt worrn, hett keeneen markt!

Wiehnachtsfier in'n September

Jichtenswann op so 'n Grillovend seten wi kommodig bi'n Rootwien mit de Kolleginnen tohoop.

»Weet ji egentlich wat?«, fröög een. »Wi hebbt unse Wiehnachtsfier noch gor nich mookt, de is doch vergohn Johr wegen Corona utfullen. Wat dücht jau, wüllt wi de noch moken?«

»Na kloor!« Miene Kolleginnen sünd de besten un för jeden Spooß to hebben!

»Ji wullen doch bi uns grillen un in'n Pool boden, oder?«, fröög ik.

»Genau! Over mit Wiehnachtsmannmützen! De bring ik mit!« Dat wöör Nadine. Mit den Termin wöörn wi uns gau enig, an'n 17. September schull dat los gohn.

»Ik hebb noch 'n Hümpel Grillwust in'n Iesfach liggen, de köönt wi nehmen!«, meen ik.

»Ik kann 'n Solot moken!«

»Un ik kann een Buddel Brummelbeerlikör mitbringen!« Dat wöör Heidi, ehr Brummelbeerlikör is op jede Fier dorbi un nich blots dat, düsse Likör is legendär!

»Denn wüllt wi over ook 'n Dannenboom hebben un smücken!«, meen Martina.

»Gor keen Problem!«, meen ik. »In Schuppen steiht mien künstliche Dannenboom un de Lichterkeed un de Kugeln sünd proot bi de Hand!«

»Dat mookt wi!« Op leevst harrn wi glieks anfungen, so vull Vörfreid wöörn wi.

»Ik mook Punsch, den köönt wi in'n Pool drinken!«

»Un ik bring Broot mit un Dips!«

»Ik mook een Playlist fardig mit Wiehnachtsleder un singen wüllt wi ook!«

»Deerns, denn wüllt wi over ook noch 'n Adventskalenner!«

»Keen Problem! Ik hebb noch enen mit lütte Schachteln vun'n letzten Johr, dor köönt wi wedder wat rinpacken!«

De Adventskalenner füng an'n 25. August mit Päckchen Nr. 1 an bit to'n 17. September mit de Nr. 24. Dor müss man een beten oppassen, wokeen an wat för een Dag an de Tour wöör! Gor nich so eenfach!

An'n 17. is allens op't best lopen, Nadine kööm mit enen groten Inkookputt vull Punsch, den hebbt wi tatsächlich nich schafft, röök over so scheun wiehnachtlich. An un för sik eet ik in'n Groten un Ganzen keen Wiehnachtskeksen vör Dezember ... Dütt Mol hebb ik een Utnohm mookt un twüschen dat Wiehnachtsleedersingen in'n Pool ook mol een Dominosteen eten.

Jo, un dor seten wi denn mit unse Wiehnachtsmützen op'n Kopp in'n Pool un hebbt Wiehnachtsleder sungen. Över uns de Stierns, scheuner güng dat nich! Ut Vörsicht harr ik bi de Nohbors Bescheed seggt. To'n enen schullen se sik nich wunnern un to'n annern wullen wi kenen Besöök vun de Mannslüüd mit de witte Jacken, de uns villicht afholen kunnen. Jedenfalls wöör dat een richtig scheunen Ovend, so kommodig un lustig as lang nich! Mit de Deerns kann man ook so veel Spooß hebben!

Uns Jung harr sienen Kumpel op sien Handy schreven: »Bi uns loopt half nokelte Deerns dör 'n Goorn un singt Wiehnachtsleder!«

Sien Kumpel meen: »Wi bruukt goot Bildmaterial!«

»Nee!« wöör de Antwoort. »Dat wullt du nich sehen, dat is man blots Muddi mit ehre Kolleginnen! Dat is nich uns Zielgrupp!«

Reformatschoonsdag

Annerletzt hebbt wi den Reformatschoonsdag fiert, jeedeen hett sik över den fre'en Mondag freit, over ik müch wetten, de mehrsten Lüüd glöövt, dat de Reformatschoonsdag egentlich Halloween is, wenn ovends de lütten Geister vör de Döör stoht un »Sööts oder Suret!« verlangt. Uns Oma wöör mol ganz jiddelich: »Hilde hett anropen, glieks kummt de Kinner för Halogen! Hest du Bontje in't Huus?!« Dütt Johr wöörn blots twee Kinner dor, un ik sitt hier nu mit de Bontjes.

Miene Dochter hett för 'n Tiet mol bi ehre Kollegen rümfrogt, worüm denn Reformatschoonsdag fiert warrt un hett intressante Antwoorden kregen. Ener meen, Jesus wöör dor doot bleven, een annere, Jesus harr de teihn Geboten jichtenswo an nogelt. Een drütte meen, nee – Jesus harr nich de Geboten, man een Zeddel mit jichtenswat dor op an een Karkendöör nogelt. Un noch ene meen, dat harr doch mit Martin Luther to doon, de harr de teihn Geboten vun Gott kregen. Dorto müss he over toeerst op den Barg Sinai rop klattern.

Bi'n Reformatschoonsdag mookt mi keeneen wat vör! In de föffte un sösste Klass harrn wi Religioonsünnericht bi den oolen Superndenten Schwekendiek. Een Respektsperson, een düchtigen Kierl vun'n leven Gott sien Borrnpersonol. Wat wi dor lihrnen, hett 'n sik markt.

To'n Enn vun'n Schooljohr geev dat för de Religioonszensur för jeden een mündliche Pröven, de Themen dröffen wi uns sülvst utsöken. Ik hebb jedet Mol »Martin Luther un de Christenverfolgen« nohmen. De Themen harrn gor nix mitenanner to doon, over ik wüss ook een beten över den bösen Kaiser Nero un wo beestig he to de eersten Christen in't röömsche Riek wöör, so dat se sik sogor in de Katakomben versteken müssen, anners harr he jem bi lebennigen Lief verbrennt.

So müss ik jedet Johr blots mol eben kott in mien Book kieken un een beten över lihrnen un de »Een« in Religioon wöör mi seker. Nich, dat ik mi dor wat op inbillen kunn.

»Wat hett Martin Luther an'n 31.Oktober 1517 mookt, Renate?« De oole Schwekendiek keek mi streng an över den Rand vun siene Brill.

»He hett 95 Thesen an de Döör vun de Slottskark in Wittenbarg nogelt!«

»Richtig, un worüm?«, fröög de Gottsmann.

»He wull dat de Kark sik ännert!«

»Un wat is denn passeert?«

»Luther hett sik op de Wartburg versteken un dor de Bibel in't Düütsche översett!« Un so wieter ...

Blots eenmol harr ik man blots een »Twee« in Religioon. In de Religioonsarbeit kööm de Froog: »Gifft dat een Leven no den Dood? Antwoort a: *Jo!* Antwoort b: *Nee!* Antwoort c: *Dat weet wi nich genau!*« Ik hebb *Antwoort c* ankrüüzt. Harr mi denken kunnt, dat dat dor keen Punkten geev! In een Religioonsarbeit wöör natürlich *Antwoort a* richtig ween.

Liekers is dat doch woll so, dat wi dat nich weet, wi köönt dat glöven oder hoffen. Oder eben nich. Ik för mienen Deel lot mi överraschen. Oscar Wilde hett mol seggt: »An'n Enn warrt allens goot. Un wenn dat noch nich goot is, is dat ook noch nich dat Enn!«

Corona in Bethlehems Stall

Dütt ganze Johr hett uns all meist blots een Sook in Gang hatt: Dat ne'e Virus, Bang, krank to warrn oder annere antosteken, un allens wat dorno kööm. Dat Enn köönt wi noch nich afseen un mööt aftöven, bit allens jichtenswann mol wedder so warrt as fröher ... vör dat Virus.

Nu, in de Vörwiehnachtstiet, sünd besünnere Regeln vun uns Regeren rutgeven: Vör Wiehnachten schüllt sik blots noch twee Huusholden dropen, mit höchstens fief Personen.

Wat mook ik nu mit miene Krüpp? Ik wull ehr doch nu to giern opstellen! Maria, Joseph un dat Jesuskind. Sowiet keen Problem, de sünd een Familie. Over nu is jo dat Verbott för't Övernachten, dröfft de överhaupt noch in'n Stall rin un dor slopen? Vörsichtshalver stell ik de Krüpp no buten hen.

Wat is mit de Engels? Sünd dat överhaupt Personen in'n Sinn vun de Gesettböker? Hööрт de to enen Huushollt (Himmel?) oder sünd dat keen Personen? Goot, wenn se över den Stall in de Luft fladdert, hebbt se jo op jeden Fall Afstand vun de Hillige Familie. Kunn man noch mol een Oog todrücken. Beter wöör jo, se kunnen sik de Hannen waschen un een Mask dregen, mol kieken.

Richtig Problemen gifft dat bi de Heerders. De sünd wiss nich ut enen Huushollt! Over twee Heerders dröfft komen, denn sünd dat fief Personen ...

Over blots, wenn de ut enen Huushollt koomt, villicht is dat so? Villicht kunnen de Heerders noeenanner komen? Jo, so mutt dat gohn. Ener an'n Hilligen Ovend, de tweete an'n eersten Wiehnachtsdag un de drütte an'n tweten Fierdag! Genau! So mookt wi dat! Is ook beter för de Schoop, twee köönt op de Schoop oppassen, ener besöcht dat Jesuskind. De Buddel mit dat Desinfektschoonsmiddel stell ik al mol vör de Krüpp.

Groote Problemen gifft dat bi de dree Wiesen ut dat Morgenland. De Bibel seggt nix dorvun, dat de verwandt wöörn oder in enen Huushollt leven deen. Hofft wi mol, dat de Heerders denn al weg sünd, anners kann man den Afstand vun de Krüpp nich inholen. Over dütt Johr mööt ok de Wiesen mit een Oog op dat Virus kieken! De eerste dröff sik giern Anfang Januar sehen loten, den neegsten Dag de tweete un toletzt de drütte. So kunn dat gohn! In de Twüschentiet kann man in'n Stall denn ook jedet Mol frische Luft rinloten un em kiemfree moken, so as dat de Corona-Regeln verlangt.

Blots ener mutt de Wiesen ut den Morgenland noch verkloren, dat wi dütt Johr keen Gold, Wiehrook un Myrrh bruukt, dorför over Tolettenpapeer, Mehl un Gest!

Inbröök vör Wiehnachten

Miene Fründin Elke un ehr Kierl Klausi ut unsen Kegelclub hebbt jo een ganz feinet Huus, bi Elke mutt jo allens sien Schick hebben. De wohnt in de »goote« Gegend vun uns lütte Stadt, beid sünd düchtig un flietig un gönnt sik ook giern mol wat. Dat Huus is also »dörstylt«, as man dat vundaag op Needüütsch seggen deit.

Utgerekent enen Dag vör Wiehnachten hebbt se bi de beiden inbroken, dat wöör een Schandol! Elke un Klaus wöörn beid no Arbeit un de Kinner in de School, over de Nohborsch harr dat jüst bi'n Plätten seen, dat de Alarmanloog an blinken un hupen wöör.

Toeerst dach se an enen Fehlalarm, over as dat gor keen Enn nööm, güng se röver no dat Huus un wöör wies, dat de Terrassendöör een Stück wiet open stünn ... Dor kunn wat nich stimmen, denn Elke un Klausi wöörn püttjerig un dat wiss nie vergeten. So rööp de Nohborsch eerstmol bi de Polizei an un denn bi Klausi op de Arbeit.

As Klausi in Swiensgalopp vun de Arbeit no Huus kööm, wöör sien Huus all ümstellt vun de Polizei. Klausi arbeidt as Inschenöör un harr noch siene Jack vun de Arbeit an mit dat Wapen un de Opschrifft vun de Firma un seeg offiziell ut. De Polizist, de em seeg, glööv, he wöör een Kolleeg un möök sien Mellen.

»Wi hebbt dat Huus ümstellt, de Söökhunnen sünd ook op'n Weg!«

»Dröff ik nich villicht eerstmol de Alarmanloog utmoken?«, fröög Klausi. »De jault doch gefährlich luut!«

»Woso utstellen?«

»Mi höört dat Huus to!«, verkloor Klausi.

»Ach so! Nee, op gor kenen Fall dröfft Se dor nu ringohn! Dat is veel to gefährlich, wi nehmt an, dat de Inbreker sik noch in'n Huus ophollen deit!«

Klausi bleev nix anners över as aftotöven, un dat duer ook nich lang, bit de Wogen mit de annern Polizisten un de Hunnen anklööm. Ut dat Auto jump een Köter rut, den man al op'n eersten Blick anseen kunn, dat he bannig Bock harr op sienen Job, Inbrekers to jogen. He knurr, bell un treck ganz gefährlich an de Lien, de Polizist jachter achter em in dat Huus rin. Klausi stünn blangen de Polizisten buten op de Terrass un müss dör dat groote Finster tokieken, wat binnen vör sik güng.

Enen Dag vör Wiehnachten wöör de Stuuv al fierlich smückt för dat groote Fest. Elke geev sik jümmer bannig veel Möh mit de Dekoratschoon, dat duer dooglang, bit se allens opbaut harr. De Deek vun de Stuuv hett in de Mitt meist een Hööchd vun veer Meter un jüst dor stünn de prächtigste Dannenboom, den man sik vörstellen kunn. Klausi mookt dat jümmer Spooß, dormit antogeven, dat sien Boom höger is as in de Kark ...

In de Twüschentiet joog de Köter in de Stuuv un mit een Juppdi üm de Eck, noch harr he kenen Inbreker funnen. De lütte Glasdisch wöör in'n Weg, de

Hund vertüder sik in de Dischdeek un de scheune Adventskranz ut Glas full rünner un güng to Bröök. Klausi stöhn op, as he dat wies wöör. Wat wöör Elke dorto seggen!

De Hund harr in sien Iel leider nich dormit rekent, dat in de Stuuv een frisch wienert Parkett wöör op'n Footbodden. De Polizist buten grien: »Kiek mol, wo fix de över dat Sofa springen kann! Dor binnen is over ook nix billig!«

»Dat Sofa is ganz nee un vun Rolf Benz!«, anter Klausi.

So stünnen de beiden vör dat groote Finster un müssen tokieken, wo de Köter mit sien ganze Kraft un Kuroosch över dat glatte Parkett slidder, noch vertwiefelt versöch antohollen, wat em over nich glücken dä. So knister de groote Hund mit vulle Kraft in den fierlich smückten Dannenboom, de toeerst wackel un denn langsom ümkipp. Mit enen liesen Klirren fullen de düren Hutschenreuther Wiehnachtskugeln un Klocken, de Elke över de Johren sammelt harr, hendol un güngen twei.

Den Inbreker hebbt se nich funnen, de wöör woll al över alle Bargen. De kaputten Terrassendören betohl de Versekern, over wat wöör mit den düren Dannenboomsmuck för een poor hunnert Euro? Den gröttsten Schoden harr nich de Inbreker mookt, man de Polizeihund.

Nu will Klausi no Wiehnachten eerstmol bi sienen Keerl vun de Versekern anropen un nofrogen, wat Wiehnachtskugeln ook in de Huusrootsversekern binnen sünd.

Inkoopsbummel in'n letzten Momang

Unse jungen Nohbors Steffi un Lars sünd körtens in dat Huus blangen uns intogen un dat wöör jümehr eerste Wiehnachten tohoop. Lars seggt, he hett dat nich so mit Wiehnachten, mit dat ganze Brimborium un Gedööns un de Geschenken. För em kummt dat jümmer een beten unversehns un he fangt denn eerst an'n Hilligovend an, to överleggen, wat he schenken will. Un he glöövt ook, dat dat so kott för Wiehnachten noch besünnere Anbotten gifft. Un kott för de Middaagstiet hett he jümmer de besten Infäll. Eenmol harr he to rechte Tiet Geschenken besorgt un de so goot versteken, dat he de bit vundog noch nich wedder funnen hett, wöör also ook keen goote Idee.

No een önniget Fröhstück möken sik Steffi un Lars denn op an'n Hilligen Ovend hen no Hamborg, in de groote Stadt geev dat mehr Utwohl – un överhaupt! Leider harrn de beiden nich ganz mitkregen, dat Glatties wöör, so glatt as de vergohn twintig Johren nich.

In Hamborg wöör de Verkehr tohoop broken, so glatt un so veele Lüüd! So duer dat denn doch een beten länger, bit se endlich in de groote Stadt ankömen un een Parkplatz in een Parkhuus funnen harrn. So wies sik, dat noch veele annere Lüüd ook noch keen Geschenken harrn. Se möken sik mit ehren groten Zeddel op'n Weg, se harrn veele Soken dorop för Fründs un Verwandte.

In den groten Elektromarkt, de keen Wünsch open lööt, kömen de beiden goot vöran un kunnen veele Soken afarbeiden: een Radio för de Warksteed vun Opa, een Hansi-Hinterseer-CD för Tante Meta, een Koffievullautomot för de Swiegermodder in spe un de DVD »Lach mol wedder« för Tante Lisbeth. Kiek mol, dat löppt doch goot, dachen de beiden.

Miteens, as se al op'n Weg rut ut dat Parkhuus wöörn, full Lars in, dat he noch gor nix för siene Steffi harr. Se wull wieter nix besünnert to Wiehnachten hebben, blots een bestimmt Parfüm – un dat geev dat leider nich in'n Elektromarkt.

Lars see to Steffi, he müss noch mol eben gau wat holen, park dat Auto in'n Parkverbott in de Mönckebergstroot un joog in'n Swiensgalopp no de Parfümeree blangenan. Steffi tööv un tööv, Lars harr de Slötels mitnohmen un in de Twüschentiet wöör dat bannig koolt in'n Auto! Lars fröög no den Röök, den Steffi hebben wull, un de Verköpersche mit de langen rooten Fingernogels un de dick tuschten Wimpern wackelt vör em de Trepp rop no de eerste Etoosch un wies em, wat he hebben wull. Se harrn dor wunnerbore Paketen, al fardig inpackt, de schull Lars man nehmen.

De junge Mann müss eerstmol önnig dröög rünner slucken, as he de Priesen seeg, un he fröög noch, wat dat nich villicht ook lüttere Buddels geev oder in'n Anbott? De Verköpersche güng gor nich recht op em in, greep sik dat Paket un Lars an'n Ärmel un trock em dool no de Kass hen. Lars wunner sik teemlich över dat unfründliche Benehmen un ook, dat de

Verköpersche glieks no dat Betohlen achter em den Slötel in de Döör ümdreih. Wat harrn de denn? De wöörn all so hastig, dücht em. Buten keek he noch mol op den Kassenzeddel un denn op siene Klock. Veertel no twee, stünn op den Kassenzeddel un halvig twölf op siene Klock! Och nee, de wöör stohn bleven! Ook dat noch! Nu wunner em jo nix mehr!

Op eenmol harrn de beiden dat schietenhilt, no Huus to komen, denn noch wöör nix trecht mookt för den Hilligen Ovend. De Wiehnachtsboom wöör noch nich trecht, de Broden noch in'n Köhlschapp, oh nee! Over Glatties wöör noch jüst so as morgens, un so duer dat wedder üm un bi dree Stünnen, bit beid wedder to Huus wöörn. De velen Geschenken inpacken, Eten moken, Boom smücken ...

As Steffi un Lars in'n Huus ankömen, bimmeln al de Klocken un de Lüüd güngen no de Kark hen. Steffi nu rin in de Köök, nööm sik den Broden vör, wieldes kunn se Lars hören, de ünnen in'n Keller mit de Soog togang wöör. Natürlich wull de Wiehnachtsboom nich in den Stänner rinpassen! To dick un veel to groot!

Lars sleep den Boom de Trepp rop un dat Smücken güng los. Dat wöör jümehr eerstet Wiehnachten tohoop un denn mööt veele Frogen kloor warrn: Lametta oder nich, un wenn jo, woans warrt dat ophangt? Kummt een Spitz op den Boom oder nich? Talliglichter oder elektrisch ... Un is de Lichterkeed noch in'n Loot, un wo is de denn överhaupt? So duer un duer dat, bit allens trecht wöör. In de Twüschentiet wöör de Broden trecht, un Lars un Steffi puusten eerstmol dör un setten sik to'n Eten dool.

Dat wöör nu al Klock teihn. Kaputt vun dat Opregen, den Inkoopsbummel, de veele Arbeit, dat goote Eten un den gooten Rootwien, wull de beiden sik mol eben enen lüerlütten Momang op'n Sofa verpuusten un denn Utdelen vun de Geschenken moken. Blots enen lütten Momang.

Klock dree in de Nacht wöör Steffi wook, ehr wöör koolt worrn. Se rüddel Lars wook un de beiden güngen no'n Wiemen. Utdelen vun de Geschenken is morgen. Un tokomen Johr mookt wi allens ganz anners. Denn is de Hillige Ovend to'n Glück op'n Sünndag un denn kann man nix inköpen. Höchstens bi de Tanksteed enen Benzingootschien.

Fröhliche Wiehnachten

Wiehnachten mit de ganze Familie is op de een Siet wunnerbor, all tohoop op'n Dutt. Bi unse Familie is dat jümmer luut, fröhlich, un dat Geschenkpapeer liggt in enen groten Hümpel, jüst so as bi Loriot siene Familie Hoppenstedt. Dorbi nehmt wi uns jedet Johr vör, nich so veele Geschenken to köpen.

Op de annere Siet gifft dat mit veele Lüüd ook veele Tücken. So as bi dütt Wiehnachtsfest, wat so üm un bi teihn Johren her ween mag. Opa Nr. 1 harr al in de Mitt vun'n Dezember besloten, dat dat dütt Johr dat »slechtste Wiehnachtsfest siet 1945« wöör. Worüm, wüss he woll sülvst nich. No den Gottsdeenst un Kantüffelsolot mit Knackwust stünn dat Utdelen vun de Geschenken in't Protokoll.

Opa Nr. 1 harr de ganze Tiet seggt: »Ik will keen Geschenken, ik hebb allens! Un överhaupt sünd wi jo keen lütten Kinner mehr.« Natürlich harrn wi liekers wat köfft för em. Wi wörpelt jümmer bi'n Utpacken un wokeen een 6 wörpelt, dröff een Geschenk utpacken.

För Opa Nr. 1 harrn wi dree Geschenken. He wörpel over een 6 no de annere, in de Tiet wo Opa Nr. 2 un de Omas Nr. 1 un Nr. 2 noch nix harrn. So wöörn siene Geschenken bald utpackt un em wöör dat to langwielig totokieken. Denn kippt de Stimmung fix.

Ik güng eerstmol in'n Keller üm unsen Spirituosenvörroot to begootachten. Veel wöör dor nich, over een Buddel Grappa, jümmerhen 40 Perzent. No den drütten Grappa beter sik de Stimmung bilütten. Mien Mann harr een *Wii* kregen, wo man an'n Feernseher mit spelen kunn, to'n Bispill Kegeln, Boxen un Golf. De Opas harrn beid fröher kegelt un füngen nu een Match an'n Feernseher an, jeder een Feernbedenen in de Hand un den Grappa in de annere.

»Alle Neune!«, jöhl Opa Nr. 2.

»Wat so 'n oolen Kegler is!«, rööp Opa Nr. 1. De Omas gnickern in Achtergrund un schenken een ne'e Runn in. Uns Jung harr sik all lang in siene Komer trüch togen mit dat ne'e Keyboard, un de ganze Familie speel mit de *Wii* ... De Opas wöörn in de Twüschentiet an'n Boxen.

Ik wöör al meist op'n Sofa toslopen, hpredicted höör over noch dat »Jümmer op de Freet, jümmer op de Freet« vun'n Feernseher her. De Buddel Grappa wöör leddig, de Stimmung op den Hööchpunkt. As denn an'n Enn all Omas un Opas no'n Wiemen güngen, foot Opa Nr. 2 Oma Nr. 1 üm de Schullern un meen: »Een Deel mööt ji mi over verspreken: tokomen Johr drinkt wi enen weniger!«

Goh mi af mit Silvester

Veele Lüüd vertellt vun lustige Silvesterpartys mit fröhliche Frünnen, ik kann dor nich veel vun mitsnacken. Dat hett woll ook mol dat ene oder annere Fest geven, wat nich so leeg wöör, so as för bummelige dörtig Johren, as wi mit Frünnen an de Noordsee wöörn. Uns lütte Jung harr jüst Windpocken, over dat Füerwark an'n Strand wöör grandios. Dat Johr dorför wöörn wi bi Mudder Schulz in een muffige Ferienwohnung op Fehmarn. Uns Fründ full dor de Trepp rünner un ik harr Ooltjohrsovend Fever.

Goot besinnen künnt wi uns noch an de Johrdusendwenn! Dat schull wat besünners warrn, harrn uns Frünnen ut Harsfeld seggt: »Dat fiert wi bi uns!« Wöör dat ook, wi seten in een veel to hitt inbötte Stuuv, twee Nohbors, de den ganzen Ovend nix seen, wöörn ook inlodt, un as besünnert Beleevnis drömelt twee Dackels den ganzen Ovend dör de Bood. Se harrn vörher vun ehre Öllern een Dröhnung kregen, dormit se üm Middernacht bi dat Füerwark nich kumplett utrasten schullen. Beid kunnen sik kuum mehr op de Been holen un jede wackelige Schritt wöör kommenteert: »Ach, de arme Hund, dat mookt wi nich noch mol. Kumm mol her to Mama, mien Lütten!«

Oder dat Silvester, wo ik mit unsen Opa in de Nootopnohm wöör. Ik wöör jo jümmer bi uns in de Familie de »Krankenhuusbeopdroogte«. Jedet Tour, wenn wat mit Oma oder Opa wöör, bün ik mit los. Bi

Opa dach man jedet Mol: »Nu is dat sowiet!«, over denn wöör dat blots de Gall, de Lung oder wat annert. No dree Doog wöör Opa wedder fit. In de Nootopnohm kennen se mi al.

»Se al wedder?«

»Jo, güstern mit Opa, vundaag mit Oma!«

Scheun wöör egentlich dat Johr bi de Frünnen in Bremervöör. Bit Klock een de Anroop kööm, bi uns in'n Huus wöör Füerwehrinsatz, uns Knick wöör an'n brennen. Een Rakeet harr sik in den Knick verbiestert, de Füerwehr wöör mit 'n groten Löschwogen extra ut Himmelpoorten komen. De eerste Insatz in't ne'e Johr wöör bi uns un güng in de Geschicht vun de Füerwehr Düdenbüttel in.

Veele Johren hebbt wi mit annere Frünnen »nix« mookt. Se röpen een, twee Dogen vörher an un frögen: »Wat mookt ji an Silvester?«

»Nix!«

»Denn koomt man rüm, wi mookt ook nix!«

De Paraden vun Sketchen in'n Feernsehn, de sik nich ümgohn lot, de trurigen Blicken torüch op dat Johr, wo över Massaker, Kriegen un Unglücken snackt warrt, de Insicht, dat all wedder een Johr rüm is, wo man all wedder nich riek, nich beröhmt un nich dünner wurrn is, de goden Afsichten, de all an'n 15. Januar wedder vergeten sünd ... Goh mi af mit Silvester!

Dütt Johr mookt wi mol wat ganz annert, wi blievt in'n Huus un mookt mol nix, ganz alleen. Villicht hol ik noch een Dröhnung Beruhigungsmiddel för unsen

Koter, dormit de nich bi dat Füerwark kumplett utrasten deit. Oder wi goht Klock teihn no'n Wiemen!

För all de annern, de mehr Spooß hebbt: Wi wünscht jau 'n gooten Rutsch un blievt gesund!

Een Silvestergeschicht

Enen Dag vör Silvester bimmel bi uns dat Telefon. Nix afsünnerlichet, ik wöör over nich ganz fix noog un de Kassen sprüng an, de denn den Anroop opnimmt: »Moin, hier ist Familie Kiekebusch, wir haben leider keine Zeit, ans Telefon zu gehen ...«

An düssen Morgen harr ik Urlaub un een beten länger in de Puuch legen, so as een dat woll deit, wenn een keen Terminen hett. Dat kunn blots ener vun de Kumpels vun uns Kinner ween, bi uns röppt keeneen vör't Fröhstück an.

Loter, as ik den Antwoortapparot afhöör, wöör dat een Werner, de een Nohricht för Mariechen trüchloten harr. Wi hebbt in uns Huushollt keen Mariechen un Werners kennt wi ook blots twee, de wöörn dat over nich de Stimm no. Normolerwies wöör mi dat puttegol ween, over düsse Stimm höör sik so dör un dör trurig an, dat ik dor nich över toköööm. Trurig, fründlich un een beten resigneert, een beten so as Harald Juhnke, over de wöör jo al doot.

»Kennst du mi noch?«, fröög de Stimm. »Na kloor kennst du mi noch, ik bün dat doch, Werner, ik harr so giern mol wedder mit di snackt, Mariechen, over nu büst du nich in'n Huus. Ik wull di so giern een godet ne'et Johr wünschen, leve Mariechen. I love you - all of you! Wenn du Tiet hest, roop mi doch mol wedder trüch, ik warr mi bannig freien!«

Oha, dat wöör een Nohricht! Ogenschienlich wöör Werner al een beten wat öller. To'n enen wiel he Werner heet, to'n annern wiel he ook nich verstohn harr, dat he op de Sabbelkist vun Familie Kiekebusch ropsnackt harr, wo dat gor keen Mariechen geev. Villicht harr he jüst sien Höörapparot to'n Telefoneren rutmookt. Leider wies de Antwoortapparot nich siene Nummer an, dor stünn blots »Anonym«.

In sienen Text möök Werner lange Pausen, harr he wat drunken, güng em dat nich goot? Lange Pausen mookt over ook Lüüd, de nich giern op den Antwoortapparot rop sabbelt un de dat to scheneerlich is. Engelsch kunn Werner, wat in sien Öller nich jümmer so is.

Ik stell mi vör, dat Werner Seemann wöör, de no een johrenlang Reis mol wedder in Noorddüütschland ankummt, he besinnt sik an siene Leev vun de Jöögd, Mariechen, he nimmt all sienen Moot tohoop un will ehr anropen un sabbelt denn op den Antwoortapparot vun uns Familie. Oder he wöör lange Tiet in'n Utland un snack dorüm Engelsch. Oder villicht wöör he sogor in'n Knast ween un Mariechen harr versproken, op em to töven?

Bi den Gedanken wöör mi ganz anners, ik harr em so giern opkloort, over ik kunn em jo nich tofoten kriegen. Düsse arme, trurige Kierl ... Wenn Mariechen nu sien letzte Höpen wöör, un he kriegt nu Depreschoon oder nimmt sik womööglich dat Leven? Dorüm müss ik düsse Geschicht schrieven – in dat Höpen, dat Werner ehr tofällig leest.

Werner, rop bitte noch mol bi Mariechen an, nehm dütt mol de richtige Nummer! Mariechen is di nich böös, se kunn di nich trüch ropen, wiel se dat nich mitkregen hett, dat du mit ehr snacken wullst. Un bitte, Werner, mookt vörher dien Höörapparot an!

Renate Kiekebusch

1961 geboren und in Basdahl aufgewachsen. Sie absolvierte eine Ausbildung zur Buchhändlerin in Stade und hat über 30 Jahre in diesem Beruf gearbeitet. Sie schreibt Kolumnen für das »Stader Tageblatt«, organisiert plattdeutsche Veranstaltungen und arbeitet u.a. als Gästeführerin in Stade. Renate Kiekebusch lebt mit ihrer Familie in Düdenbüttel, wo auch die meisten ihrer Geschichten spielen.

Best-of-Kiekebusch erstmals auf Hochdeutsch!

Auf vielfache Nachfrage hin präsentiert die leidenschaftliche Plattschnackerin Renate Kiekebusch in ihrem zuletzt erschienenen Buch erstmals eine Auswahl ihrer schönsten Geschichten auf Hochdeutsch. Mit viel Humor erzählt sie hierin vom Alltagsleben auf dem platten Land zwischen Tupperpartys und Männerstrip-Abenden. Und natürlich gibt es diese Geschichten auch alle op Plattdüütsch!

Renate Kiekebusch

Geschichten vom platten Land

104 Seiten | Hardcover
ISBN 978-3-8378-7067-1
9.90 Euro